こころの深呼吸

すっと気持ちが楽になる禅語

日本人の心に響く「禅《ぜん》」の言葉

日本には、「禅文化」という言葉が残っているくらい、昔から禅の精神が根付いていました。日本の建造物や文学など、まさに身近にあるものに禅の考え方が反映されています。誰もが知る名句を残した松尾芭蕉を始め、宮沢賢治や北原白秋といったそうそうたる文化人たちもまた、禅の影響を受けていました。また、「一期一会《いちごいちえ》」や「以心伝心《いしんでんしん》」、「一刀両断《いっとうりょうだん》」などよく耳にする言葉も、実は禅の教えが元となっていることも多いのです。

現在の日本人は、心のよりどころを見失っています。多大なストレスを抱え、毎日の生活に押しつぶされそうになりながら働き、いつもそのはけ口を探している私たちは、いにしえから続く「禅の言葉」によりどころを見つけようとしているのかもしれません。耳慣れた言葉だからこそ、その意味を改めて知ることによって、心の支えとなりうるのでしょう。

人生に行きづまったとき、道に迷ったとき、疲れた心を癒したいとき、新たな一歩を踏み出したいときなど、禅の言葉はあなたの背中を押してくれるパートナーとなってくれるでしょう。今、禅は見直され、受け入れられているのです。

— 心《こころ(しん)》 —

禅の教えでは、すべての人は誰もが皆、本来何も発生しない空気のような仏心を持つとしている。それが根本に存在している。心は形あるものではないが、人々は自分の心を知りたい、わかりたいという思いをもつ。禅の言葉には、それらを導き出すヒントが備わっている。

書＝石飛 博光（本文204ページ） 35×45㎝

禅とは一体どういうものなのか？

そもそも禅とは、仏教の開祖である釈迦《しゃか》から数えて28代目に当たる菩提達磨《ぼだいだるま》大師がインドから中国に伝えたといわれる宗教のことを指します。

日本では、平安時代（七九四年～）に伝わったという記述が残っているものの、広く知られるようになったのは鎌倉時代（一一九二年～）のこと。その後、武士や庶民に広がるとともに、各地に禅寺が作られるようになり、広まっていきました。現在の日本に残る禅の形は、日本で育ったもので、インドのそれとは異なる形態をとっているといわれています。

禅を知る前にまず覚えておかなければならないのが、「信仰《しんこう》」と「信心《しんじん》」の違いです。「信仰」とは、偶像などに対して祈りを捧げることをいいます。例えば、お正月に初詣に行き、神社でお参りをする。これは、信仰といえます。

それに対して「信心」とは、自らのうち、つまり「心」を信じることです。自分を見つめ、なにものも生じない心を作り上げるよう努めることを「信心」といいます。

禅とは、この「信心」を坐禅によって見抜くことをいうのです。

信心は自己の内側の本心を見抜いていく。一方、信仰は仏像などの対象を拝み、自分の外側に仏を求め、心身の平安を求める。禅では、何も生じない本来の心に立ち返り、※融通《ゆうずう》無碍《むげ》に生きてゆき、特に、不安や苦難を抱えて自分の心を見失いそうになったとき、自分自身を見つめ直すことの大切さを説いている。

※滞りなく、差別のないさま

心を見つめる無の境地

禅を極めるとは、「無」の心を獲得することです。坐禅を組み、自らの心の本質と向き合い、悩み、見抜くことで無の境地に辿り着くのです。

とはいえ、その「無」を理解するのは、並大抵のことではありません。何年と修行をして、やっと得られるものだと聞きます。それを少しでも理解してもらうために、一つの例えを出してみましょう。

目の前の空気を感じてみてください。あなたの目の前には空気があります。この空気には、汚いものもなければ、きれいなものもない。増えるものも、減するものもない。赤も、白も、そして目も鼻も口もないのです。空気は、寂然《じゃくねん》として、空気としてただそこに存在するだけのものです。

それを禅の世界では「無」というのです。少しは感じることができたでしょうか？

禅は知識で得るものではなく、肌で感じるもの、センスです。坐禅を組み、その無を感じ、妄想や想像、知識といった俗世から離れ、心の根本を見つめるのです。

―無《む》―

本心とは、誰もが持つ何も生じない心のこと。自己の心に何も生じない状態をさす。自己の心がいかなる対象にも同化できる状態も同じである。つまり無とは、次ページ以降で知る無生心《むしょうしん》や無住心《むじゅうしん》を含む仏心仏性《ぶっしんぶっしょう》、または無常であることを一文字で表している。

書＝加藤 有鄰　35×34㎝

禅のキーワードは2つ「無《む》生《しょう》心《しん》」と「無《む》住《じゅう》心《しん》」

禅の世界は奥深く、坐禅を組んだこともない人たちには難しいものです。たしかに、知れば知るほど辿り着く道のりの遠さに驚きます。一度に理解しようと思ってもそれは無理な話です。

そこで、はじめの一歩として禅の世界をひも解くために、禅の言葉を2つに分けて考えてみましょう。「無《む》生《しょう》心《しん》」と「無《む》住《じゅう》心《しん》」という言葉がそれです。

「無生心」とは、先のページでも書いた「無」になるという「心の状態」のことを指します。坐禅を組み、心の中を平穏に保つことで、無の世界を体

—無《む》生《しょう》心《しん》—

「無生心」とは、有る・無いの「無い」を表しているのではなく、そこにものは何もなく入ってこない仏心仏性のこと。人間における根本とは心。心が根本で、その心の中に妄念も邪念も何もないのが無生心であり、坐って無生心になることを坐禅という。

書＝室井 玄聳　26×68㎝

感する、この心の状態をいうのです。

無生心の状態には、汚れたものや妄念など不の要素だけではなく、逆に、きれいなもの、聖なるものもありません。けれども、「なにもない」ということでもないのです。時々刻々と変化して実体はつかめないが、それぞれの現象が幻として出ているととらえます。そこになにかが入ってくることはありません。簡単な言葉で言ってしまえば、無心・無我になることなのです。

無生心はそうやすやすと手に入るものではありませんが、坐禅を組み、己を見つめ、何十年もかけて手に入れる、禅の世界の一つの到達点でもあるのです。

―無《む》住《じゅう》心《しん》―

宇宙の全てに私がいることができる。どこにでも私は行ける。この感覚が「無住心」。「無住心」は仏心であるから、心の中であらゆるものにつながることができる。私は一人じゃない。ここにもいる。あそこにもいる。あなたの中にもいる。宇宙的な見地を無住心という。

書＝渡辺 美明　70×23㎝

「無生心」の先にある「無住心」

「無住心」は、「無生心」のさらに先にある到達点です。

無生心を獲得したのち、さらに坐禅を組み続けることによって、己が何ものにもなれるという感覚を手にすることができます。無我で何ものでもなくなっている「無生心」の状態でいる自分は、何ものにもなれる、という考え方です。

例えば、目の前にある桜の木になることもできますし、あなたのお母さんになることもできます。あなたの魂が自由に物体に入り込めるので、誰にでも、何にでも同化することができます。空気を介して世界はつながっています。「無住心」を獲得することによって、世界と繋がることができるのです。禅の世界では植物や動物にさも同化しているかのような文章が出てくることがありますが、これは「無住心」になっていると考えることができます。

この本では、禅語を「無生心」と「無住心」に分類して、各ページにそれを記しました。禅語の多くがこの2つに分類できるからです。この「無生心」「無住心」という考え方を頭の隅に置いて読んでいくと、さらに深い考え方ができるようになります。

坐禅で「無生心」を得る

坐禅をすると、色んな思い（＝邪念）が心の中に出てくる。これでは、無生心は得られない。禅では、思い浮かんだことを「無」「不」「砕」「斬」という字で消す、「喝」と怒鳴るなど、様々な方法で消していく。

「無住心」とは

美しい満開の桜と自分が一つになり、桜の輝きは自分の輝きという感覚は、自我を忘れた無我の境地を表す。春の太陽が射し、桜の花の滴が光るのを見て、自分自身が光り輝くと感じる。心はどこにでも住み、あなたが他の誰かに入ることもできる。すると、あなたの悲しみは誰かの悲しみに、誰かの喜びはあなたの喜びにもなる。この一体感、これを「無住心」という。

—滅却心頭火自涼《しんとうめっきゃくすれば、ひもおのずからすずし》—

火が熱いと感じても、自らがその思いを断ち切って滅却してしまえば何も生ぜず、無生心になれる。つらいことや苦しいことがあっても、それに反する気持ちを抱いてしまうのではなく、同化して消滅させてしまうくらいの気持ちで挑めば困難に打ち克つことができる。

書＝赤澤 寧生（本文96ページ） 45×39㎝

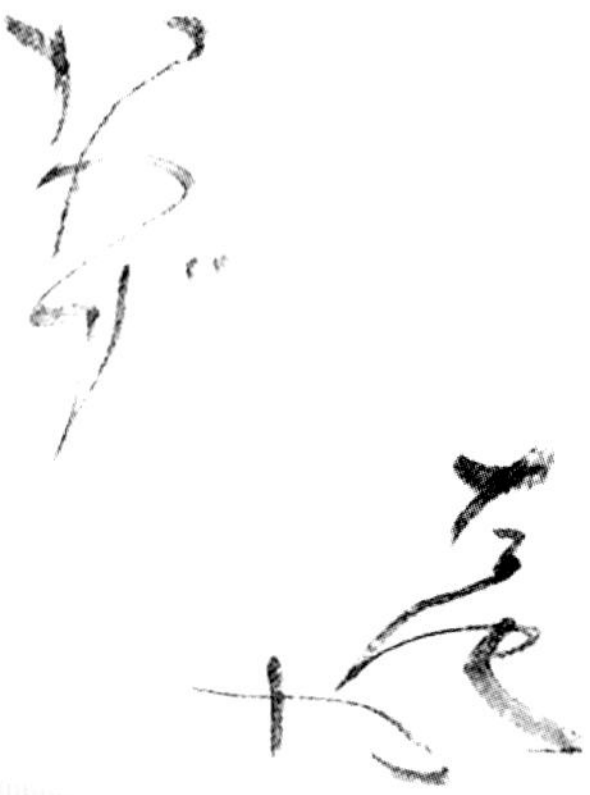

—古池《ふるいけ》やかわず飛《と》び込《こ》む水《みず》の音《おと》—

松尾芭蕉の句。蛙が池に飛びこむ音は、昔から現在、未来に至るまで変わらない。永遠に不変のものである。不変のものは、常に平常で変わらない。そのことを臨川庵《りんせんあん》の仏《ぶっ》頂《ちょう》和尚のもとで修行していた芭蕉は、身近な光景から表した。無住心を理解する上でもイメージしやすい句だ。

書＝吉田 久実子（本文166ページ） 25×52㎝

―本来《ほんらい》無《む》一物《いちもつ》―

目をつぶって空気を想像してみよう。そこに何かが見えたり、余計な考えが浮かんだら、心は無の状態ではない。何か雑念を感じることを「一物」といい、それを消し去ることを「無一物」という。本来の私たちは何も持っていない。執着する雑念など何も持っていない存在なのである。

書＝吉田　成美（本文94ページ）　１３５×35㎝

—無《む》眼《げん》耳《に》鼻《び》舌《ぜっ》身《しん》意《に》—

この世のあらゆるものは「空」であり、「無」であり、何も無いと見抜く。そのことを具象しているのが、「無眼耳鼻舌身意」。目前の空気のような仏心仏性には眼も耳も鼻も舌も身（体）も意（心）も何も無いとしている。実際に坐禅をして、目前の空気をイメージし、眼耳鼻舌身意を消して「無」にしてみよう。

書＝藤巻 昭二（本文212ページ） 35×46㎝

そうだ、坐禅をしてみよう！

坐禅というと、長時間坐を組み、時には木刀で叩かれる。痛く辛いものと思う方も多いでしょう。しかし、そんなイメージは捨てましょう。慣れてくるまでは、ただ呼吸を整え、無になることを意識するだけでもいいのです。

坐禅や正座が辛いという人は、自分が楽だと思う坐り方で構いません。とにかく床に坐り、呼吸を整えます。腹式呼吸、つまりお腹の底から呼吸をするようにし、ゆっくりと息を吐き、そして吸います。

その状態で無心になる努力をします。仕事のことや恋人のことが頭をよ

—洗心《せんしん》—

「洗心」とは、坐禅をして心を無にしていくこと。つまり、己の中にある本心を見抜き、心の中を無にする「無生心」、心がどこにでも行ける「無住心」の境地を目指す。静かに坐り、身体・呼吸・心を整えて、同時に精神を統一する。坐禅とは本来の清らかな心の自分自身を自覚する方法なのである。

書＝鈴木 不倒（本文120ページ）　20×40㎝

ぎったら、それを「無《む》」「喝《かつ》」といった言葉で頭の外に追いやるイメージをしてください。この時、目をつぶる必要はありません。また、初めのうちは長時間やる必要もありません。慣れるまでは集中力も続かないものですから、10分くらいでもいいのです。

坐禅を組む目的は、最終的には「無生心」「無住心」を獲得することにあります。無の境地に辿り着くために、修行僧たちは日々坐禅に取り組みます。それはとても長い道のりです。私たちは、まず一歩として、日々の迷い事をうち消し、平穏な心を保てることを目標として坐禅を組むのがよいでしょう。

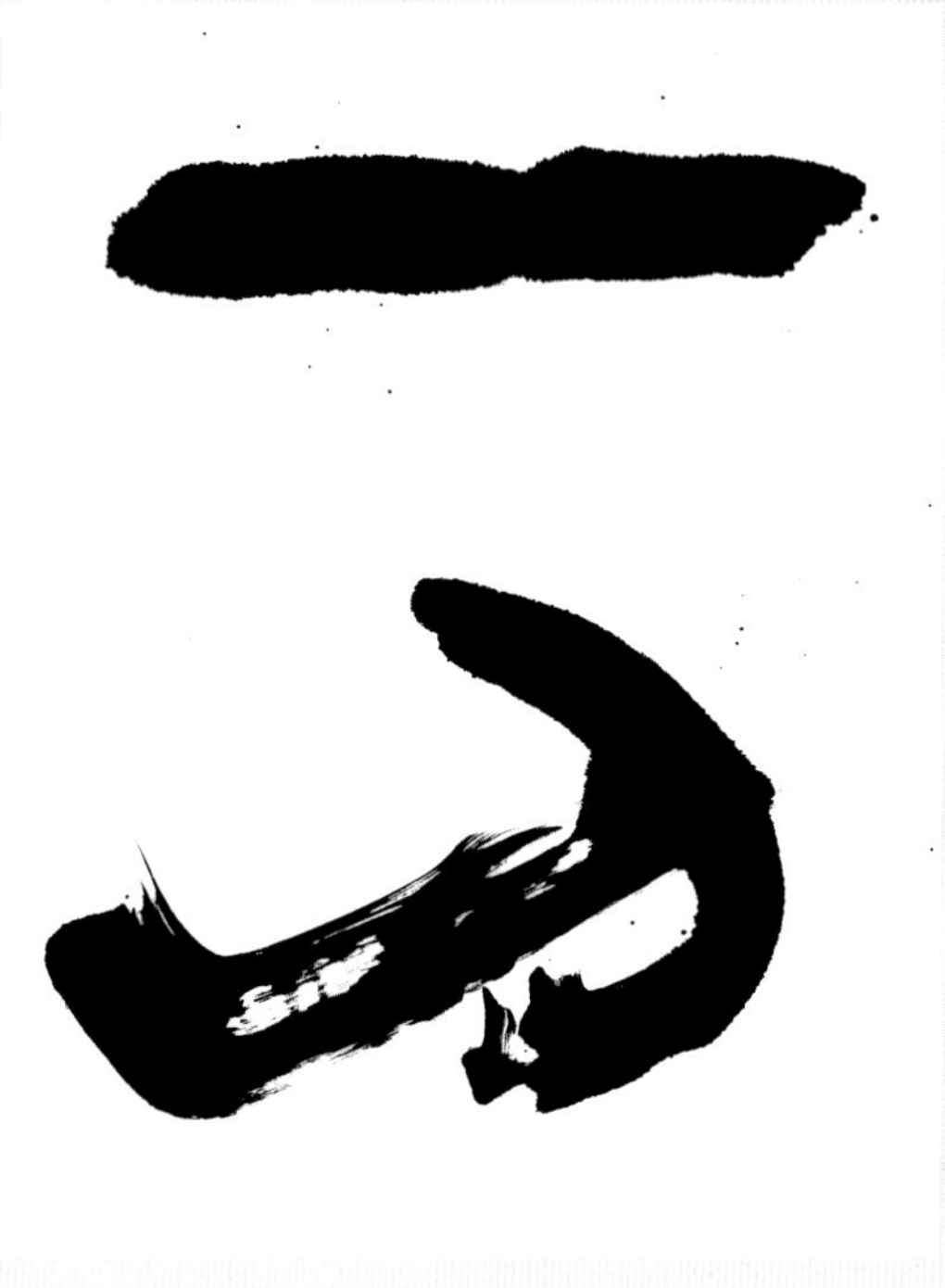

—一刀両断《いっとうりょうだん》—

我々がもつ妄想や、好き嫌い・利害・得失・是非など対立の観念、その全てを一時に断ち切ること。我々が持つ、本来の邪念も何も無い心を表す。無生心の境地へ導いている。困難や苦難、悩みをも勢いよく一気に断ち切れば、余計な思いをもスパッと捨て去ることができる。

石飛 博光（本文176ページ） 44×35㎝×2

—空《くう》—

「空」という言葉には無生心、そして無常ということを意味している。実態がつかめないのが空であり、常に同じ状態ではない無常だから「今、私は」といったところで、それは過去になる。空は、形あるものも、感受作用も、心の動きも、物の動きも、認識的作用も、何も無い。実体や感覚、意識を超越したところに無生心がある。

書＝鈴木大有（本文134ページ） 34×46㎝

仏心《ぶっしん》・仏性《ぶっしょう》とは

禅の言葉に「仏心」「仏性」というものがあります。これはお釈迦様が見抜いた「ブッダのさとり」または「無生心」「無住心」と同じ境地です。

目の前に広がる空気。空気のような仏心仏性には、そこには何も生じる心はないと見抜く。これを先に「無生心」と表しましたが、この空気こそを「仏心」ともいいます。

また、「仏心」「仏性」は、お釈迦様の心と一緒だともいえます。

坐禅によって「仏心」「仏性」に目覚めることを目標とするのが禅です。先の「無住心」の考え方を思い出してみてください。無住心では、何ものにも同化できますよね。ですから、無住心では、仏様にも一体となることができるのです。禅の世界では、仏様は外にある偶像ではありません。自分の心の中にいると考えるのです。

したがってブッダのさとりである「仏心」「仏性」を得ることがお坊さんの務めであって、それが目標となるのです。

あくまでも心の裡《うら》を見つめ、また、心の裡で完結するものなのです。禅に対峙するときには、旧来の仏教の考え方を頭から追いやってみるとわかりやすいかもしれません。

―拈《ねん》華《げ》微《み》笑《しょう》―

花を差し出し、そっと微笑む。そこに言葉はないが、花は一刻として実態がつかめない無常なものであることや、花はそのままで悟りの実性と見抜く。言葉で説明しなくとも、真意は心から心に伝わっていくものである。

書＝矢田 照涛（本文156ページ） 134×35㎝

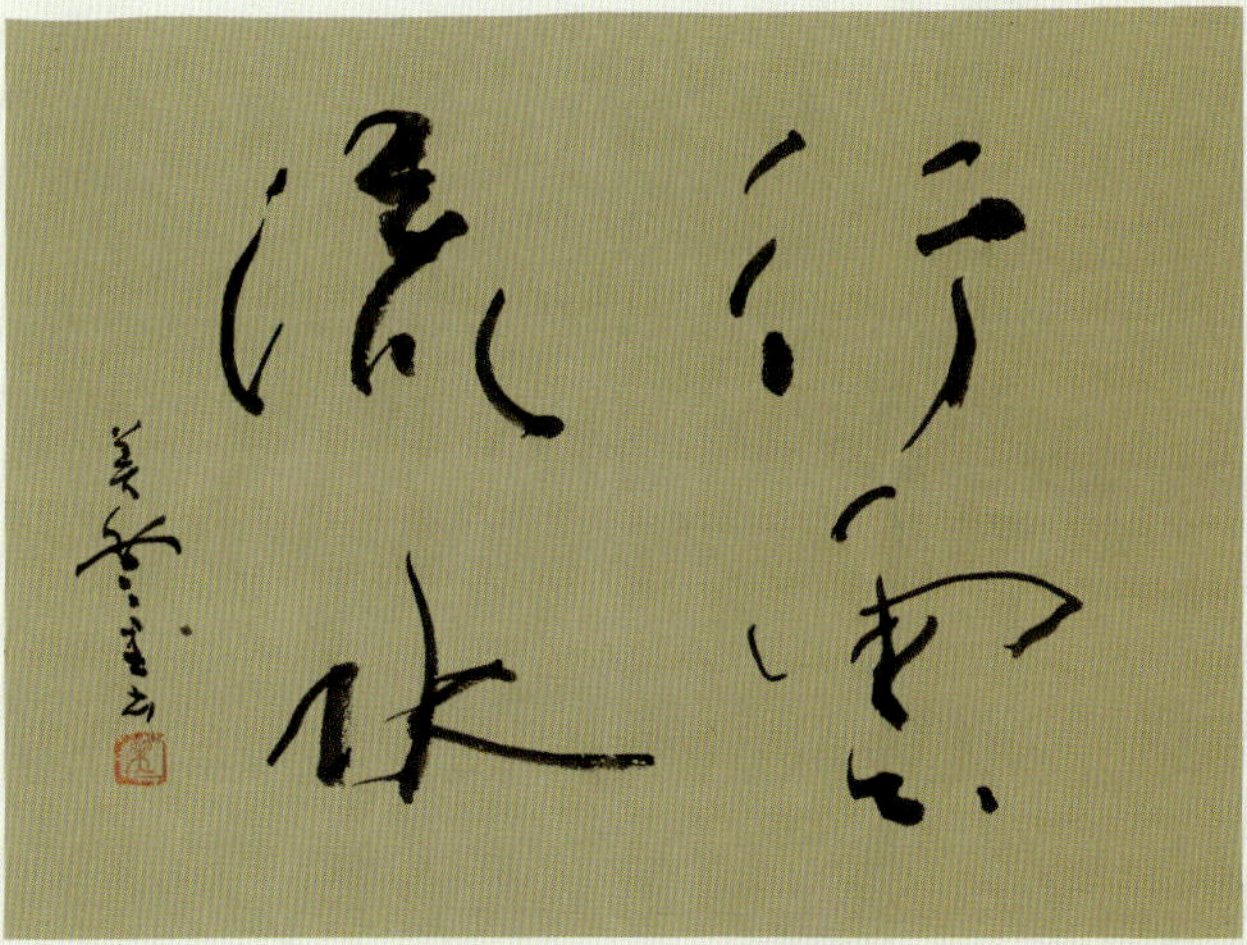

―行雲流水《こううんりゅうすい》―

空を雲が行き、水は流れ、何もことがおこらない空気のような状態。それぞれの実体は、刻々と変化してつかめないが、現象として転々と移り変わっていく。一つの所にとどまらず、ただ流れ行く様子。自然のままに身をまかせる。喜びにも悲しみにも振り回されない、何も無い世界。

書＝今江 美登里（本文50ページ） 25×34㎝

―不《ふ》生《しょう》不《ふ》滅《めつ》―

生じるものも滅するものも無い。すなわちブッダのさとりの姿。あらゆるものが何も無い世界は、空気のようなものであり、寂然《せきぜん》として静かである。そして、このなにも無い世界には、善いものも悪いものも綺麗なものも汚いものも無く、仏心仏性という空気の中で全てがつながりあう。

書＝河原啓雲（本文208ページ）69×17㎝

—元《げん》気《き》—

天地間に広がる空気のような仏心仏性の世界で、それぞれが現象として転々とする。仏心仏性の中で現象としてとらえられるから、現象を生む、気の元ととらえる。

書＝加藤　裕（本文52ページ）　45×35㎝

禅の歴史 ～禅が日本に伝わるまで～

およそ2500年前	釈迦が、インド北部の釈迦族の王子として生まれる（紀元前5世紀頃）
釈迦29歳	豊かな生活をしていたが、出家を決意する
釈迦35歳	苦行の末に、**中道**という悟りを得る
釈迦80歳	入滅（死去）
500年代	**菩提達磨**《ぼだいだるま》が、インドから中国へ渡り、禅を広く伝える
500年代前半	仏教が中国から朝鮮半島を経て、日本に伝わる
753年	鑑真が中国から日本に渡る
804年	**最澄**《さいちょう》**と空海**《くうかい》が中国へ留学し、日本に密教を伝える。日本にも仏教の教えが広く伝わるようになる
1168年	**栄西**《えいさい》が、禅宗の盛んな南宋に留学する
1191年	栄西が帰国し、筑前や肥後などで禅の布教活動を行う
1223年	**道元**《どうげん》が宋に留学し、**曹洞宗**《そうとうしゅう》を学ぶ
1228年	道元が帰国する

中道：苦楽から切り離された自由な立場。

菩提達磨：南インドの王子として生まれた仏教の僧侶。日本では、達磨さん、達磨大師といわれる。

最澄と空海：日本に密教を伝えた僧侶。最澄は、法華経を根本とした天台宗を開き、空海は密教の優位性を説く真言宗を開いた。

栄西と道元：日本の禅の黄龍派《おうりゅうは》の祖。栄西は臨済宗を開き武家や貴族を中心に臨済禅を開いた。道元は臨済禅を伝え、「只管打坐《しかんたざ》」を根本とした曹洞宗（公案を使わず、道元の教えに従う）を開き、禅の布教に努めた。只管打坐とは、ただひたすらに座り続ける修行である。

臨済宗：師家といわれる指導僧から与えられる公案を、修行僧が探究して悟りを得る宗教。看話禅《かんなぜん》という。

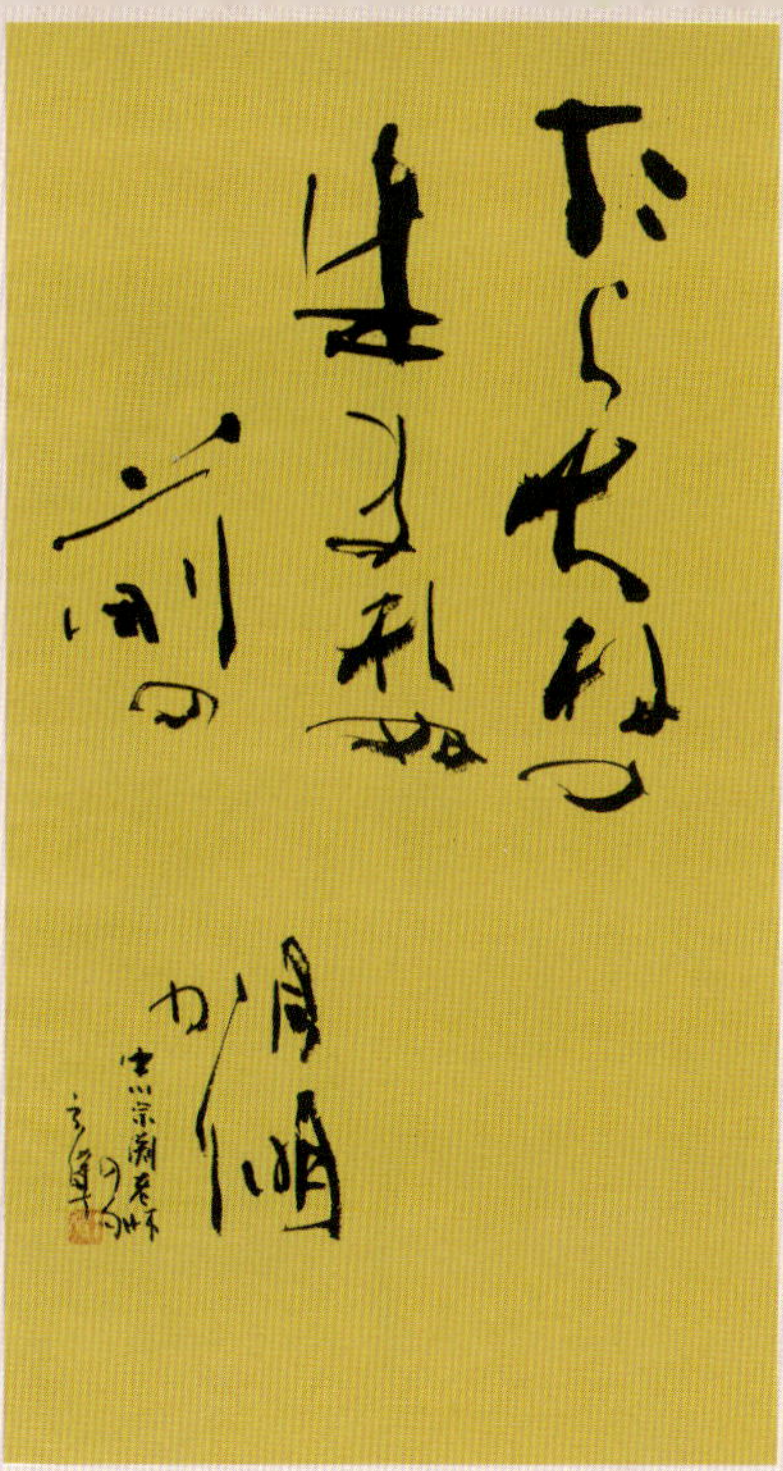

―たらちねの生《う》まれぬ前《さき》の月《つき》明《あ》かり―

禅僧で俳人の中川宗淵老師《なかがわそうえんろうし》の句。両親（たらちね）の生まれる前（さき）、自分自身が存在する以前（自分自身の本来の姿）から月明かりはこうこうと照る自然の本分のこと。自分の存在と月明かりを重ね合わせている。「父母未《ふぼみ》生《しょう》以前本来《いぜんほんらい》の面目《めんもく》」ともいう。

書＝室井 玄聳（本文160ページ） 62×34㎝

―以《い》心《しん》伝《でん》心《しん》―

言葉ではなく、相手に伝える。心から心へ思いを伝える。禅宗では、悟りの内容は文字や言葉では伝えられるものではないとする。これを不立文字《ふりゅうもじ》という。仏の教えは、師から弟子へ、心から心へ直接伝えられることから生まれた言葉。

書＝塚原　秀巌（本文66ページ）　66×33㎝

—天然《てんねん》—

ありのままであること。あるがまま、そのままであること。まわりに良く見せようとつくろったり人為的になることなく、余計な思いのない、とらわれのない自由な心。本来、誰にでも備わっている清らかな心を持つ自分自身のこと。

書＝田中 豪元（本文68ページ） 64×32㎝

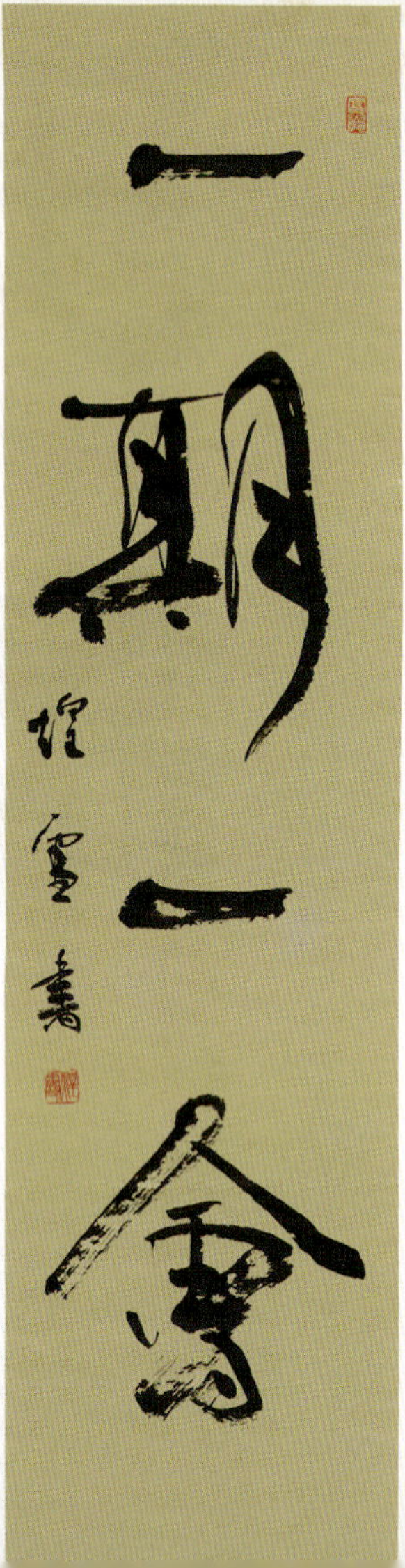

―一《いち》期《ご》一《いち》会《え》―

禅を深く修めた千利休《せんのりきゅう》。その高弟である山上宗二《やまのうえそうじ》の秘伝書「山上宗二記」に「一期に一度の」という茶人としての心得が記されている。茶の席では、客との出会いは一度きりであるから、誠意を持って接することの大切さを説いている。たった一度の出会いも大切にすること。

書＝加藤 煌雪（本文180ページ） 64×17㎝

はじめに

宗教には、心の内と外を見る、二種類があります。心の外を見るのが「信仰」で、仏像やご神体、仏画などを拝み、幸せを願うものです。禅宗を除いた世界中の宗教はこの「信仰」といえます。一方、自己の内側を見るのが「信心」です。坐禅し、ブッダのさとり（仏心仏性）を見抜いていく。これが禅です。

しかし、坐禅で身も心もきれいになる、という考えは、実は禅ではなく「道徳」なのです。なぜなら禅には、きれいとか汚いとかの概念がなく、自己の内に何も生じない「空・無」のこころを坐禅で見抜いていくものだからです。

幸せでありたいけれど不幸が訪れる。事業に失敗した……。このように、自己とそれらの現象との間で悩み、揺れ動くことがあります。幸せと不幸、成功と失敗、順境と逆境、すべて相対するものです。これらをすべて打ち消し、心に何も生じない「空・無」の状態になったなら、気持ちは安定していくでしょう。禅のことばとは、その境地に導くための「気づきのメッセージ」です。本書を通じて、禅のことばからあなたの生きるヒントが見つかることを願います。

龍源寺住職　松原哲明

こころの深呼吸
すっと気持ちが楽になる　禅語

第二章・心が晴れないときは、空を見上げよう ――85

第三章・イライラしないで気持ちを穏やかに――129

第一章

肩の力を抜いて ラクに行こう

―光陰如矢《こういんやのごとし》―

光陰、すなわち時間というものが経過していくのは、無常であり矢のように、すぐ過ぎ去ってしまう。歳月の経つのは、実に無常である。限りある時間のなかで生きている一瞬一瞬を大切にして、後悔のない時間を過ごすことを説いている。

書＝加藤 煌雪（本文44ページ） 53×20㎝

—不道《いわじ》—

禅では死後について無記とされ、どうなるかは言えない。道吾《どうご》禅師が弟子の漸源《ぜんげん》に葬儀の際「これ生か死か」と問われ「不道（いわじ）」と答えた。まさに「無言の言」。語らずとも力を持つ言葉にして返すことである。ただ言わないのではなく、言えないのであり「道」を「不」にして無生心、仏心仏性をさす。

書＝中田 李燁（本文46ページ） 67×35㎝

光陰如矢《こういんやのごとし》

――瞬く間に過ぎ去る時間を見つめてみよう

ぐずぐずしているとあっと言う間。歳月の経つのは無常で矢のように早いということ。『臨済録《りんざいろく》』で臨済禅師は「光陰惜しむべし、念々無常なり」と一念一念の歩みが無常・無住であるから、それを見極めて、歳月を無駄に過ごすことが無いようにと弟子に示していた。

「光陰如矢」。この言葉は、比較的みなさんによく知られている言葉だと思います。光と陰は、太陽と月のこと。矢を放ったごとく、毎日はめくるめく過ぎていき、人生はあっという間に終わってしまう、という意味の言葉です。

すべての存在は時々刻々と変化して、無常です。光陰（時間）は矢の如く早く過ぎ去り、常ではない。

人間の営みも大きな宇宙の法則の一部なのです。

「わずかな時間を惜しんで、仏心仏性に生きろ」という言葉を、臨済禅師は残しています。あらゆるものは、変化していきます。私たちの人生も例外ではありません。したがって、ありのままの現象をブッダのさとりとしてとらえないと、あっという間に一生は終わってしまうことを教えているのです。

日々の暮らしの中で朝は、カーテンを開け、昇る太陽に感謝する。夜は星空を眺めて、今日一日に感謝する。生物は生まれた以上、全て死に向かって進んでいるのです。すべてのものに平等に流れる時間。一日一刻を大事に生きていきたいものです。

不道《いわじ》

――余計なことを語らず、今を生きる

いわない。『碧巌録《へきがんろく》』第五十五則「道吾《どうご》一家《いっか》弔意《ちょうい》」が出典。いうことが不で無生心。五十五則は、道吾禅師が弟子の漸源《ぜんげん》を連れてお弔いに行った。漸源は師に「棺の中の人は生きているのか、死んでいるのか」とたずねたが、師は「不道《いわじ》」と答えた。

禅宗の僧、正受老人《しょうじゅろうじん》（道鏡《どうきょう》慧端《えたん》禅師）は、修行を積み坐禅を行う日々のなか、名誉や私利私欲といったものから離れた生活を送り、徳が高い名僧と高く評価され、多くの僧が禅師の下で修行をしました。名僧・白隠禅師の師です。禅師が死の間際に残した句に、次のようなものがあります。

末後一句（まつごのいっくす）
死　急難道（死は急にして道（いう）ことかたし）
言無言言（無言の言（葉）を言（葉）として）
不道不道（いわじ　いわじ）

この句には、「禅は死後の世界を形のないものだから無記、いってはならない。また、悟りの境地は言葉や文字でいい表すことのできないもの。よっていうことは何もない」という意味合いの内容が詠まれているのです。

不道（言わない）こと自体、言葉が生じない「無生心」であり、ブッダのさとりの境地です。正受老人が最期に表した一句、そこには、大事なことは、言葉や文字にも表現できるものではないと、伝えているのではないでしょうか。

挨拶《あいさつ》

――コミュニケーションのはじまり、おろそかにしていませんか

『碧巌録《へきがんろく》』第二十八則「南泉不説底《なんせんふせってい》法《のほう》」より。修行僧に迫り、切り込む。「挨」は積極的に迫っていくこと、「拶」は切り込んでいくこと。また、師家が僧と問答して、その力量を測る、という意味がある。

挨は積極的に迫っていくことであり、拶は積極的に切り込んでゆくことをいいます。これは、禅の師弟のやりとりの姿（公案）を表しています。

禅が一体なにものなのか、さっぱり分からなかった私が新米の頃は、今思い出しても恥ずかしい限りで、老師は「こいつ、なんにも知らんのか」というような顔をして私をながめていました。

まず、禅もほかの宗教と同じく、自分の外を見つめて拝んでいくものと信じて疑いもしませんでした。つまり偶像に向かって拝むことかと。ですから、老師との挨拶や会話は、まったく的外れでした。本来は真実が分かってないと、挨拶すらできません。今、禅とは自己の内側の仏心仏性を見抜くと理解していますから、なぜもっと真剣に、老師と挨拶しなかったのかと後悔しています。

ある日、老師が「無になって来なさい」といいました。これに対して私は「無になれるはずないでしょう？」と答えました。こんなやりとりですから、困った弟子だったと思います。みなさんは理解できましたか？　挨拶とはお互いの意思が通じてこそ成立するものなのです。

行雲流水《こううんりゅうすい》

――とらわれることのない心を探してみよう

心に引っかかり無し。一所不住である行く雲と流れる水を、無住心に喩《たと》えた語。無常の流れに無住を認め得れば、喜びにとらわれることも無く、憂いに住することも無い。

大空に浮かぶ雲や流れる水のように、どこまでも自由で、いっさいのものに執着することがない様子のこと。このような悟りの境地をいいます。

空に浮かぶ雲を眺めてください。流れる雲は、何のこだわりもなくあるがまま空を漂っています。風により形を変え、変幻自在で自由です。流れる水は、一カ所にとどまることがありません。周りに何か起こっても、ただ流れ続けるだけです。

人間もこんな生き方ができたら素敵ですよね。いい意味で何にも縛られない。私たちの社会では、白黒はっきりしたい、あの人を好きか？　嫌いか？　世間の評価や体裁・権威によって縛られてしまいがちです。白か黒かだけでなく世の中にはあいまいなものもあって、無理に急いで結論を出す必要はないのです。

ある時、道に迷った行脚僧《あんぎゃそう》が、山中で一人の和尚に出会ったそうです。「ここに住んでどれくらいですか？」「わしは周囲の山が緑になり黄色になるのを見ているだけじゃ」「どの道を行けば山中から出られますか？」「流れに任せよ」

目の前の尺度や世の中の概念にとらわれて、一歩も踏み出せずにいるのではなく、無住心で自由になって、いたるところに心をとどめていくことです。

元気《げんき》

——心はすべてを超越する力を持っている

古代中国思想で心は万物の根本とされ、あらゆる物を生む形の無いものをいう。禅では、種々の差別を生む根本は人間の心と解釈する。『頓悟要門《とんごようもん》』には「善悪一切皆自らの心に由《よ》ることを。所以《ゆえん》に心を根本と為《な》す。若《も》し解脱《げだつ》を求めんとせば、先ず須《すべから》く根本を識《し》るべし」とある。

栄西《えいさい》禅師の『興禅護国論《こうぜんごこくろん》』に「広大なる人間の心は、天は高く極まりがないけれど、人間の心はその高さを超えて出てしまう。地は厚くて計り知れないが、心は厚い地の下に出てしまう」と心が広くて深く、無限であるものと表します。

これは12ページで説明した、自分が桜と同化する無住心の境地です。また北条時頼《ときより》の「森羅万象、山河大地、我と無二無別」にも、我が無生心は森羅万象、山河大地とひとつという意味で、同じく無住心の境地を表しています。

心は天にもとどまれますし、地の底にもとどまれる。「おおいなるかな心や。天の高きは極無べからず。而るに心は天の上に出づ」という禅師の見解です。仏教の世界観は広大ですが、心はその外側にはみ出す。心は太虚《たいきょ》（陰陽を生ずる大もと）を含んで元気をはらむものともいいます。つまり、万物の根本である心は無限であり、そこに含まれる精気（精神・気力）が「元気」なのです。

元気のない人は悩みや、隠し事などがあり、曇りきっているのかもしれません。そんな余計な思いをなくすには、雑念を振り払いたいという気持ち、その元気があってこそ。曇りのない元気な生活を送るには、日頃からの心がけが大切です。

阿吽《あうん》

――切っても切れない通じ合う心

呼吸を合わせて無生心。「阿《あ》」は口を開けて言句・物事を生じさせたということ。「吽《うん》」は口を閉じて黙言・無言であること。仏心仏性は言句では表せない「一物と説似せば即《すなわ》ち中《あた》らず（一言でも説明すれば的はずれ）」であるから、阿で生じたものを、吽で忽《たちま》ち無生にしている。

阿吽の呼吸、阿吽の仲という言葉があります。阿吽の「阿」は、あいうえおの「あ」の文字。全ての万物の根源、全ての始まりを意味します。一方、「吽」の「ん」は五十音順の最後の文字。一切が帰着するところのことです。禅においては、私達や宇宙の万物は全て「無」であり、「無」の心にこそ悟りの花が咲くとされているので、この「阿吽」という言葉も「無」である仏心仏性を表現している言葉であるといえます。

狛犬や沖縄のシーサーなど、宗教的な二対の像は、一方は口を開けていて、もう一方は閉じています。開けているほうは阿形、閉じているほうは吽形といい、「阿吽の呼吸」もここから転じてできた言葉です。

同じように、対照的な二つのものだけれど、切っても切れない関係のものが数多く存在します。例えば、『六祖壇経《ろくそだんきょう》』に念という阿と、無という吽の関係が説明されています。念とは、真にありのままの本質を念ずること、無は多くの汚れた妄念を無くすこと。真実と妄想は表裏一体、一つが無くなったら成り立たない関係のことなのです。

閑《かん》古《こ》錐《すい》

——経験を積んだ者が醸し出すもの

危険な鋭い錐《きり》も工夫次第。閑《かん》は静か、古《こ》はずっと前から有るということ。鋭い錐（人間）が長い時間を経て、静寂で穏やかな無生心になった状態をいう。永嘉玄覚《ようかげんかく》禅師の『証道歌《しょうどうか》』には「君見ずや、絶学無為《ぜつがくむい》の閑道人《かんどうにん》、妄念を除かず真を求めず」とあり、閑道人は閑古錐に同じ。

職人さんの道具を思い浮かべてみてください。それは、何年も使い込まれ、黒光りした味のあるものでしょう。一見、磨り減っていて古びた道具にみえるけれど、何年も仕事に向かってきたという経験が表れています。

「閑古錐」とは、このように長い間使い込まれ、先の丸くなった錐《きり》のことをいいます。新品のように刃先の鋭さはありませんが、必要な部分を削れる力だけを残している道具となっているのです。逆にいえば、新しい刃先では、使う手指を傷つけてしまう恐れもあるほどの切れ味を持っていますが、手に馴染んだ古い錐であれば、必要な所にだけ穴をあけ、ケガもしにくくなっているのです。

永嘉玄覚禅師の『証道歌』に出てくる一節は、「君は見たことがありますか。もう悟ってしまった、絶学無為の閑古錐のような私は、とりたてて妄念を除きもしない、悟りも求めません」という意味です。

人間でも錐でも、年月を経たものには、ただ若く新しいだけのものには醸し出せない姿があります。日々の小さなことを少しずつ積み重ねていくのが、閑古錐のような円熟味を増した姿をつくりあげていくのです。

是《ぜ》

——ポジティブな発想を行動に移そう

『碧巌録《へきがんろく》』第三十八則より。電光石火の承諾。間髪入れずに善しとすること。善・可・正の意味。然諾《ぜんだく》（承諾・承知）、肯定の意味。

どんな場合でも、躊躇せず決断する。電光石火のごとく即座に回答するということを指します。いくら良い案でも、いわれてから二、三日たって答えが出るようでは禅者とは認められません。

昔、寺で雨漏りがしました。何か持って来いといわれた小僧が、ザルを持ってきて褒められ、後からバケツを差し出した別の小僧は「遅すぎる」と叱られました。「何が雨漏りの水を受けるのに適しているか」などと考えている間に、どんどん水がたまってしまいます。あれこれ余計なことを考えずに、即座に小さなザルを差し出した小僧のほうが、頭の回転が早いといえます。

「是」という文字には、「善」「可」「正」という意味合いを含む肯定を示す内容が含まれています。また、ものごとを承諾、承知するという意味もあります。肯定的であることは、ものごとを素直に受け入れることができるのです。

「人に優しくありたい」という純真で善良な心は、誰にでもあるもの。瞬間的に良いと思ったことを、何の見返りも期待せずにサッと実行するには、自分の心の中に何の邪念もたくらみもなく、ただ「是」の意義があればよいのです。

空不異色《くうふいしき》

——あなたの存在は、かけがえのないもの

『般若心経《はんにゃしんぎょう》』より。「色不異空《しきふいくう》、空不異色」と続く。「色即是空《しきそくぜくう》、空即是色《くうそくぜしき》」に同じである。実体がないとは、恒常ではなく、永劫に転じていく無常なものを指す。また、実体を存在させずにある、仏心仏性をもいう。

「空不異色」は、空は色に異ならずと、まわりくどい表現ですが、空と色は違うのではない、同じものと意味します。「空」は何も無い、「色」は形あるものを示し、この世は、あらゆるものは常に移り変わり、同じ状態で存在する永遠不変なものはないとしています。つまり、命の尊さやはかなさをも伝えているのです。

坐禅体験者の北原白秋の「洗心雑話《せんしんざつわ》」にいい話が出ています。

薔薇の木に　薔薇の花咲く　なにごとの不思議なれど

「この私（北原白秋）の短い詩を見て、何が面白いと云った人が居る。あたりまえだと云うのである。（薔薇の咲くことは）あたりまえには違いないが、冬の枯れすがれた薔薇の木の小脇からあの深紅な薔薇の花が咲きひるがえる目の前の不思議さを、ただあたりまえと見ることができようか。何でも無いというのは、あまりにも霊が鈍っている。私は（薔薇の咲く光景に）ハッと驚いたゆえ、涙が流れた。頭が自然と下がって、この世の神心の前に掌を合わせたのである。」

この世にあるものは、ほとんど奇跡に近い。私たちの存在も同じです。そしてまた、今と同じ瞬間もない。その一瞬も実体としてとらえられないのが人生です。

不識《ふしき》

——詰め込みすぎたら空っぽにしよう

『碧巌録《へきがんろく》』第一則より。無生心に識は無い。「武帝達磨《ぶていだるま》に問う」の話で、梁《りょう》の武帝の問「朕《ちん》に対する者は誰ぞ」の達磨大師の答。「不識」は「識《し》らず」ではなく、『般若心経《はんにゃしんぎょう》』の「無眼耳鼻《むげんにび》舌身意《ぜっしんに》」と眼識から意識までの六識《ろくしき》が無いということと同じ。無生である心には識が生じないことを表している。

中国一の仏教信者といわれた梁の武帝は、達磨大師が国を訪れたことを知り、面会することにしました。いくつかの問答が行われたものの、理解できない答えばかりする達磨大師に不満を持った武帝は、「朕に対する者は誰ぞ」（あなたは誰ですか。聖者とちがいますか。はるばる中国まで来た大徳と違うのですか）と、問いました。その問いに対し、達磨大師は「不識」とだけ答えました。

「不識」とは、「眼で見る世界から意識の世界までがない＝無生心」を指します。ここでの答えは、「私は、聖も凡も知らないのだから」といった意味を持ちます。仏の心を得るためには、余計な知識はいりません。全てを心から排除し、無になるのです。

このことは「般若心経」を会得すると、さらに理解できるようになります。禅はセンスという智慧《ちえ》を使うものです。そうしなければ、なかなか理解することができない難しい世界なのです。

私たちは学校教育で知識を詰め込み過ぎました。しかし、禅を知りたいと思うのであれば、知識の世界に埋もれた自分をときには解放してみてはどうでしょうか。

無為《むい》

――肩の力を抜くとわかること

『老子《ろうし》』『荘子《そうし》』より。『老子』には「無為にして為さざるは無し」とある。何もしないことではなく、『臨済録』の「祇是平常無事《ただこれびょうじょうぶじ》、屙屎送尿《あしそうにょう》、著衣《じゃくえ》喫飯《きっぱん》、困来即臥」（トイレに行きご飯を食べ、衣服を着、眠くなれば寝る、ただ穏やかな生活）平穏無事なありふれた日常と同じ。

歌人の若山牧水《わかやまぼくすい》は生前、「無為にして化す」ということの意味を、妻である喜志子さんに話していました。無為とは何も考えない自然体の状態。その状態で力を発揮するということです。また。「自然の姿に同化していけそうな気持ち」ということについても話していました。生活も貧しく苦労の多かった若山牧水は、その歩んできた人生の中で、自然体であることの大切さを、身をもって感じとっていたのでしょう。

「なにも考えない、自然体＝無為」に近くなるときほど、結果の良い状態につながることもあります。私たちの生活の中で、あれこれ迷い、苦しんでいるときを思い出してください。解決の糸口さえ見えなかったのに、ふーっと息をはいて肩の力が抜けた瞬間、あっ！　と名案が浮かんだり、簡単に解決したりした経験はありませんか？　いろいろと余計なことまで考えてしまうより、自然体になれたそんなときこそ、本能的に「無為」になっているのではないでしょうか。

無理せず、肩の力を抜いて生きる。難しいことですが、忙しく過ぎる毎日のなかでそんな日を作ってみるのもいいかもしれません。

以心伝心《いしんでんしん》

——言葉に出さなくても伝わる気持ち

無生心から無住心へというのは、禅の伝承形態である。師の無生心と弟子の無生心が一つになり、自由自在（一処にとどまらない）の無住心となること。宗旦《そうたん》居士《こじ》は「茶の湯とは心に伝え眼に伝え耳に伝えて一筆もなし」といい、茶道の伝承形態を禅に習った。

北原白秋の代表的な歌に「落葉松《からまつ》」というのがあります。

からまつの林を過ぎて、
からまつをしみじみと見き。
からまつはさびしかりけり、
たびゆくはさびしかりけり

この詩には、言葉に出さなくとも伝わる気持ちを、自然の摂理で表現していま す。そして、白秋はこの歌に関して次のように述べています。「落葉松の幽《かす》かなる、その風のこまかにさびしくものあわれなる、ただ心より心へと伝うべし。また知らん、その風はそのささやきはまたわが心のささやきなるを」「これはこのまま香を香とし、響きを響きとし、気品を気品として心から心へ伝うべきものです」。

情緒溢れる自然の繊細さに触れ、その感動を心から心へ伝えることの大切さを物語っているのでしょう。

言葉にならない、言葉に表れない心のメッセージがわかるようになるためには、まわりの人や物事をしっかりと見つめ、深く知ることが大事なのです。

天然《てんねん》

――あるがままの美しさに気づいてみませんか

『碧眼録《へきがんろく》』第七十六則「丹霞喫飯也《たんかきっぱんするやまた》未《いまだしや》」評唱より。天然とは人為ならざるもの（あるがまま、そのまま）だから無生心である。また、丹霞《たんか》禅師は、ある時禅堂の本尊にまたがった。それを見た馬大師《ばたいし》は「我が子天然」と丹霞を認めた。以来、丹霞自ら「天然」と称したという。

現代では、「天然」というと、どこかとぼけた言動をする人のことをいいますが、禅の世界では「天然」の意味合いは「あるがままの姿」を指します。

かの有名な良寛《りょうかん》和尚のこんなエピソードがあります。ある日の夕暮れ、子供たちと隠れん坊をしていたときに、自分が隠れる番になり田んぼに上手く隠れました。日も沈み、子供達は良寛を探しきれず、帰ってしまったそうです。次の日に隠れたままの良寛を見つけた農夫が驚いて声をかけたところ、「静かに！　子供達に見つかってしまうではないか」と答えたそうです。

何とも正直で純粋な、良寛の人柄の良さを写し出す話ですね。偉くなっても飾らない、庶民的なところが彼の人気の理由でした。

大切なことは、あなたの素の部分です。禅の世界では、坐禅を組むことによって、心を無にし、無生心や無住心を獲得することによって、「本来の自分」を見つめ、高めていきます。私たちは日常的に坐禅を組み、修行に励むことは難しいですが、その心を意識して生活することはできます。本来のあなたをもう一度見つめ直し、自信をもって生きていきましょう。

念《ねん》

――大切なことは、一瞬の中に隠されている

『観音経』より。今この刹那の心。一念すら生じないのが本来の無生心である。仏教語大辞典には「心のはたらきという意味と、一瞬という二つの意味が重なっている語である」とある。過去の心でも未来の心でも現在の心でもない、敢《あ》えていえば刹那の心だ。

「無念」というと、「残念だ」という意味合いで使われることが多いですが、本来「意識の無い心」という意味です。

白隠《はくいん》禅師は「無念の念を念として」といわれています。念が現れない、それが仏心仏性の姿だというのです。

心を無にするということは、邪念の無い、生まれたばかりの赤ん坊のような姿になること。余計なことをあれこれ考えず、たまには無心になることも人生の中で大切なことです。

念にとらわれないこと。浮かんでは消えてゆく念にしがみつかないこと。念をなくしてしまうこと。念を消してしまうこと。これらが、坐禅をしているときの状態なのです。

良いことも悪いことも、日常のなかで感じた様々な思いを、坐禅のときに消し去って無生心になるのです。

いろいろな思いをめぐらす前に、頭で考えずに、そういうありさまで実際に坐ってみませんか。意識の無い心を感じてみましょう。

月知明月秋花知一様春《つきはめいげつのあきをしりはなはいちようのはるをしる》

――自分磨きはまず、自分を知ることから

自分の一番素晴らしい姿。月、花は無生心だからこそ、自分が一番映える時節を自ずと知っている。そんな月明かりや花の中にいる人間は、対立する関係でない無住心の同化した状態といえる。

月や花、草木など自然界のものは、汚れも聖なるものも、ましてや執着もありません。無生心であるからこそ、観ている人々の心を打つのです。

「春はあけぼの。秋は夕暮れ」かの有名な枕草子の中で、清少納言はこう書いています。人間が一番輝いている姿があるのと同じく、季節ごとにも一番良い姿があると表現しているのです。

「月知明月秋花知一様春」、自然界のものは、意識していなくても自分の姿をわかっています。人間だって同じこと。まずは自分を知ることからです。自分らしさとは何か。自分が心魂注いでることは何か。それを知ることで、私たちは輝くことができるのです。

外面にばかりとらわれ、邪心を抱きがちな自分を捨ててみましょう。また美しく、優しい心すら捨ててみて下さい。そして、もう一度、自分に立ち返り、大切な己の心を見つめ直してみてください。自分は自分であり、それ以上でもそれ以下でもない。自分の本性に気がつくこと、その無生心こそが、ブッダのさとりの境地です。

阿《あ》呵《か》呵《か》

——笑うことは、幸せへのはじまり

『碧巌録《へきがんろく》』第七十則より。ワッハッハと笑い声を音写した語。呵々大笑《かかたいしょう》の意。大きな口を開け、頭の天辺から爪先まで全身で笑うさまは無生心そのもの。

今は優れた禅師であろうとも、はじめは禅とはなにかがさっぱりわからなかったそうです。お経を読み、仏像に手を合わせて祈れば禅に出合うと思っていたけれども、実は坐禅して仏心仏性に目覚めることを初めて理解して、やっと禅がスタートします。そして、悟り、つまり自己の無生心を坐禅で見抜くのです。

そういう悟りを得たといっても、人間性が変わるのではなく、普通の人間に立ち返って、喜怒哀楽、呵々大笑する。そこが人間の最終点なのです。

大きな口を開き、頭の先から爪の先まで全身で大笑いすることは、何にもとらわれることない、心を自由に解き放ってくれる行為です。

「笑う」ということは、脳の働きを自然とポジティブにしてくれるという説があるように、今この時間を「無心で楽しむ」「無心で笑う」ということはとても大事なことです。目指すは、子供の頃に時間を忘れて遊んで楽しかったときの、あの「無心の笑顔」。毎日ささいなことを楽しむ、純粋な気持ちをぜひ持ち続けたいものです。笑いの効能は、周囲の人を幸せにし、自分の精神面・肉体面も健康にしてくれます。「ワッハッハ」。一日に一回でも多く笑えたら素敵ですね。

始随芳草去又遂落花回《はじめはほうそうにしたがってさり、またらっかをおうてかえる》

——感じるままに身をまかせて

『碧巌録《へきがんろく》』第三十六則より。心は万境に随《したが》って転ず（心はあらゆる境遇にしたがって進む）。無心にして自然と同化した、無作（人為的な働きの無いこと、自然のまま）の妙用（不思議な作用、非常に優れた働き）というところ。自然と一体になり生まれた言葉。

詩作に優れ、風流なことで知られた長沙《ちょうさ》和尚は、ある日、静かな山へ散歩に出かけました。帰ったところへ知客寮《しかりょう》（修行僧を統括する役目の者）が「一人でどこへ行っていたのですか」と、尋ねてきたのです。長沙和尚は「裏山へ散歩をしに行った」というと、「どこまでいらっしゃったのですか」と、知客寮が再び質問をしました。長沙和尚はその答えとして次のような詩で返しました。

「始めは芳草に随って去り、又落花を遂うて回る」出かけるときは、草の若芽が美しいと思い歩いて行き、山の奥まで進んでしまい、帰りは風に吹かれる花が蝶のように舞うのを見とれているうちに戻って来た。散歩へ行くのに目的地などあるわけではなく、ただ美しい自然に引かれるまま、風景を楽しみに出かけているのです。それを詩で答え、風情を感じるままの、無心の境地を表しています。

どこへ何しに行ったのか。どんな得があったか。などという余計な思いが生じないことで、そこから見えてくることやわかることがあります。様々な境遇に対して心のままに進んでいくと、自然と優れた働きがそこから生まれるのです。そういう自然と一体になる気持ちも、私たちの中には必要なのでしょう。

説《せつ》似《じ》一《いち》物《もつ》即《そく》不《ふ》中《ちゅう》

――ありのままの自分は、言葉で説明する以上の存在

実体のない心は説けない。「六《ろく》祖《そ》壇《だん》経《きょう》」より。六《ろく》祖《そ》慧《え》能《のう》禅師のもとに南岳《なんがく》懐譲《えじょう》が参禅した。「お前は何者で、そのようにきたのか」と六祖慧能禅師に質問された懐譲《えじょう》は「一言でも話したら真実と離れてしまいます」と云った。

例えば、一輪の花を差し出され「これはなんだ?」と質問されたとします。あなたは何と答えますか? 「花です」と答えるでしょう。しかし、質問者が「花と名付けたのは人間であって、花自身が付けた名前ではない。その名前が付く前の名前を云ってみなさい」と言われたら、どうしますか? あなたは、名前がないから呼びようがない。何と言い表していいかわからず、だからといって嘘はつけないから、黙っているしかない、ということになります。

これを、説似一物即不中といいます。一物でも説いたら(一言でも何かを言ってしまったら)意味が外れてしまう。だから、一輪の花を差し出すしかない。ありのままを差し出して返答するしかない。

これは私たち一人一人の存在も同じ、私たちの心も同じです。実体のないものは説けない。私たち一人一人をどんな者かと説くことなんて、不可能でしょう。目の前にあらわれている性格や顔や服装や細胞だけじゃない。宇宙の中のたった一個の奇跡的な存在。ありのままのあなたが真実なのだから、ありのままのあなたが一番、迷うことなくあなた自身で勝負していきましょう。

一《いち》二《に》三《さん》

――当たり前のことが、一番大切なこと

『碧巌録《へきがんろく》』第二十一則より。当たり前のことが道。数字のように意味にとらわれず、現象として存在すること。当たり前の心（平常心）であるということを示した語。

道元禅師は『典座教訓』のなかで「一二三」について示しています。嘉定十六年五月、道元禅師が慶元府の港に停泊中、中国の老僧が船にやってきて、日本の椎茸が欲しいといいます。故郷を離れて四十年以上、修行を続ける老僧は、思いがけず重役の一つである典座（食事の調理係など）に命ぜられ、五月五日の端午の節句に、僧たちにうどんをごちそうしようとしていたそうです。

道元禅師は自分の部屋に招き入れて、お茶などでもてなし話をするうちに引き止めたくなりました。つい「典座なんかしていないで、坐禅したり、公案をしてください」というと、老僧は「貴方はまだ弁道（仏道修行）が何で、文字が何かおわかりでない」と帰ってしまったそうです。

何ヵ月後に、再会を果たした道元禅師は、あらためて弁道と文字について、老僧に尋ねます。これに対して「一二三四五」と答えたそうです。

文字は道を知る手がかりですが、意味や文字そのものにとらわれては、本来の真理が見えなくなります。数字のように現象として存在する、当たり前の心として理解することこそが、弁道や文字への導きになることを説いています。

平常心《へいじょうしん》

——ありのままの自分が輝きを放つ

ありのままの心。馬祖道一《ばそどういつ》禅師の『平常心是道』より。たとえば花は無生心そのもの。そのものとは、ありのままで形容したものではない。形容したものではないということは、平常心である。臨済禅師は「平常無事」といったが、同じ意味である。

平常心（普段の心）がすべてということ。日々の暮らしのこまごましたことの中に仏の心はある、また日常からそれを感じ取ることが大事ということです。
「屙屎送尿《あしそうにょう》、著衣喫飯《じゃくえきっぱん》、困じ来たればすなわち臥す」という言葉があります。
「大小便をし、服を着て食事し、眠くなれば寝る」という意味です。

これは、悟りを開いた人ならば自由自在の生活をしても良いけれど、悟りを開かない人に勧めているものではないのです。修行をし終えた後、道理に通じたら自由自在に生きて良いということを臨済禅師が示しているのです。皆さんは日頃からいろいろな欲望をめぐらせてはいませんか？　様々な計算に頭を翻弄されているのではないでしょうか？　そんな心におこる陳腐なものを放り出して、本性のままありのままに暮らすこと。これが本来の平常心です。

そして、修行僧と師のこんなやりとりがあります。「仏道の道とは何ですか？」「平常心が道だ」「では、平常心を目標として努力すれば良いのですね」「いや、目標とすればそれは違う」。努力を目標とした途端に、平常心ではなくなることを師は修行僧に諭しているのです。

―平常心《へいじょうしん》―

つくろったりしない、ありのままの姿を意味する。本来の私たちの心は我欲や自我のない、何も生じない心である。しかし、日々の生活の中で生じるできごとによって邪念や妄想を抱くようになり、心の変化がおこる。そんな時は己を見つめる平常心に戻ることである。

書＝加藤 有鄰（本文82ページ） 111×34㎝

第二章

心が晴れないときは、空を見上げよう

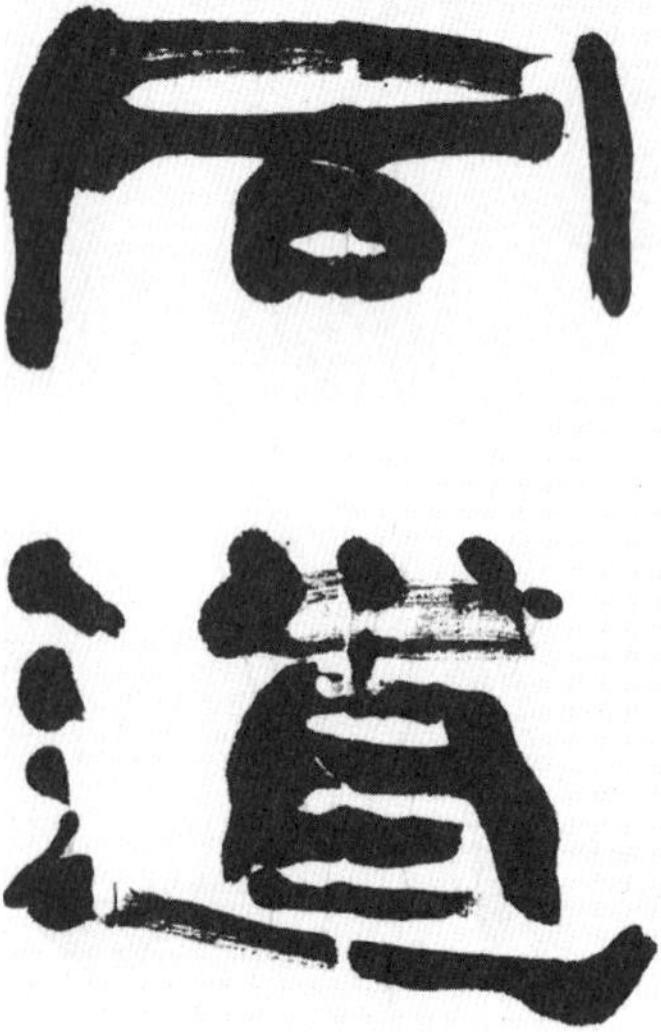
同道

—同道唱和《どうどうしょうわす》—

異なる道を歩いている者同士でもお互いの仏心仏性、真心を認め合えば和やかに唱《うた》うことができ、同じ道を歩むことができる。すぐれた師弟の生き方も意味する。自分の心をどこにでも在ることができる、無住心にしていれば、同道唱和となる。

書＝赤澤 寧生（本文88ページ） 34×45㎝

同《どう》道《どう》唱《しょう》和《わす》

——相手と一緒に歩いていけば、お互いを理解できる

『碧巌録《へきがんろく》』第十六則より。「父子唱和」に同じ。異なる道を歩いていていても互いに、仏心仏性を認め、共に生きること。すぐれた師弟の生き方を表す。自分の心を無住心にしていれば、自然と同じ道を歩いて、和《なご》やかに唱《うた》うことができる。

禅の世界で示す「同道唱和」とは、師匠と弟子の生き方がまさに「共に生きる」というさまを表したものです。何も語らずともお互いをわかり合える関係こそが理想とするところです。禅という道を一度も絶やすことなく、釈迦から現代まで脈々と唱和していることは、まさに奇跡ともいえます。およそ二千五百年、一度も途切れることなく、禅の教えは師から弟子へと受け継がれているのです。

達磨大師が、少林寺の裏山を二時間ほど登ったところで坐禅していると、慧可《えか》が登ってきて、弟子にして欲しいと申し出ました。しかし許しを出しません。そこで、慧可は信念の強さを示すため、自分の肘を刀で断ち切ってしまいます。慧可は「心が不安です。どうか、不安な心を取り除いて下さい」といいます。達磨大師は、「その不安な心を、ここに持って来なさい」といいますが、慧可は「不安な心を探しましたが、どこにも見つかりません」。達磨大師は、「これで、あなたの不安な心は、取り除けました。安心できたでしょう」といったそうです。

慧可の「どこにも見つからない」という言葉は、「どこにもない無い＝無生心」というブッダのさとりを表しています。達磨大使はそれを諭しているのです。

喝《かつ》

――メリハリある生活に、勢いある気合の一声

『臨済録』より。趙州《じょうしゅう》は無字、これらは臨済は一喝。臨済宗の宗祖・臨済義玄《りんざいぎげん》禅師が学人を無生心に導く手段として用いた語である。一喝は心に生じる全てを消す働きがある。そしてこの喝には「金剛王宝剣《こんごうおうほうけん》の如し」「踞地金毛《こじきんもう》の獅子の如し」「探竿影草《たんかんようぞう》の如し」「一喝の用を作《な》さず」の四種である。

「喝」というと、怒鳴られて叱られるイメージがあります。しかし、そこには相手に対して気づきを与える手段という要素が含まれているのです。

臨済禅師が用いた語の「四喝」とは「金剛王宝剣の如し」「踞地金毛の獅子の如し」「探竿影草の如し」「一喝の用を作さず」の四種類。「金剛王宝剣の如し」とは、金剛王の持つ切れ味の鋭い宝剣で、妄想や煩悩を切り裂く喝。「踞地金毛の獅子」は、金毛の獅子が威力を秘め、うずくまり時機をみる状態で、一度吠えれば誰もが畏れる迫力ある喝です。「探竿影草の如し」は、漁師が竿で水中を探り魚をおびき寄せるように、相手に探りを入れる喝のこと。「一喝の用を作さず」は、喝と大声で吐いても、何の働きもない喝。入門したての雲水の真似事の喝です。

伝わるような気づきを与えるためには、相手の状態を見極めてそれに応じた四つの喝を使いわけること。大声で怒鳴る、落ち着いて嗜《たしな》める、静かに諭すなど。

誰かに怒られたときは、それがどんな喝であったのか、振り返る良い機会です。また、誰かに注意や指導をするときは、うまく伝わるよう相手の状態を見極めて相応しい喝を入れることが大切。気づく力は皆が持っているものなのです。

莫妄想《まくもうそう》

——あらぬ考えは現実を見えなくする

『伝灯録《でんとうろく》』より。汾州《ふんしゅう》無業《むごう》禅師は、一生の間、学人の問に対して「妄想すること莫《なか》れ」と答えた。かように禅者は無生心の障りとなる妄想にとらわれぬよう工夫したのだ。

恋多き時代は、いろいろなことを妄想するはずです。手紙を出したのに返事がない。自分以外にも、あの人はつきあっているに違いないと思いこむ。すると、普段のリズムが崩れて、順調だった二人の間が狂い出すのです。

ガールフレンドが友達と旅行に出かける……。誰とどこに行く？ なんて聞くのは男らしくないと我慢しているうちに、憂鬱になってしまう。女性ばかりで行くのという返事をもらっても信じられない。

とかく若いときは、妄想をめぐらせるものです。試験で山をかけるのも妄想のひとつ。妄想かけて勉学に励むなんて聞いたことはありませんが、実際にやっている人も多いのではないでしょうか。

かつて私も、「無になりなさい」と老師から命じられても、一向に無の境地にはなれませんでした。そもそも無がどういうことかわからないし、坐禅で退屈になれば、昔楽しかったことを思い出していたからです。

考えてみたら、世の中妄想だらけ。だからこそ、まず自分の妄想をなくすこと。そうしないから、人と人との本性同士のつき合いが難しくなるのです。

本来無一物《ほんらいむいちもつ》

――誰もが持つ純粋な気持ち

『六祖壇経《ろくそだんきょう》』。我々は本来何も持っていないのだから、汚れるものもない。万物は実態ではなく「空（くう）」であるから、執着すべき対象はなにもない。「心はもともと性善である」「心はもともと悪である」そのような好き嫌いという概念を取り去った言葉。

私はかつて中国からインドまでの長い道のりを十六年かけて求法の旅をしました。これは玄奘三蔵法師《げんじょうさんぞうほうし》がたどった道のりです。まさに一物（心にとらわれるもの）も無い、生じない、仏心仏性になる旅路です。

雪のシルクロードでは、激しい吹雪の中、私たちは玄奘《げんじょう》が訳した『般若心経』を読み続けました。また何度も生命の危機にもさらされました。数年前のインドではイスラムとヒンズーが対立し、双方で合わせて六百人が撲殺されました。街には戒厳令がしかれ、交通は遮断。命からがら空港にたどりついたのですが、飛行機の席がない。すがる思いで「玄奘さん、なんとかしてください」と呼びかけたら、なんと現地の方が自発的に席を譲ってくださったのです。仲間は「護られている」といいましたが、無一物の心ですがったからではないでしょうか。

「本来無一物」とは、元々私たちには、物事に執着したり、心にとらわれるものなど一切なにも無いことを示しています。なぜなら、この世界は絶対の無・空であり、分別や相対的観念なども無いからです。本来の純粋な心、無一物の境地に至れば、すべてのものごとにおいて限りなく広がる世界が現れるでしょう。

滅却心頭火自涼《しんとうめっきゃくすれば、ひもおのずからすずし》

——苦難や悩みは同化することで乗り越えられる

『碧巌録《へきがんろく》』第四十三則より。無生心であるがままを自覚する。「心頭滅却」とは、心を本来あるべき状態にすること。本来の面目・無生心になること。「火も自から涼し」とは、無生心には「火」という分別が生じないのであるから、「涼」という字で「火」を「自から」無生心にしている。無生心ならば、あるがままをその通りに看る。

「滅却心頭火自涼」には、有名な話があります。甲斐の武田家を滅ぼした織田信長の軍勢が、武田家と親交のあった快川《かいせん》禅師のいる恵林寺《えりんじ》を攻めたとき、寺の僧衆は残らず山門に追い上げられ火をかけられました。このとき、快川禅師は法衣《ほうえ》を着、扇子を持って端禅し「心頭（心）を滅却すれば火自ら涼し」と唱え、炎の中に身を包まれていったのです。焼き討ちという状況下、燃え盛る炎の熱さの中で、快川禅師は、自らの境地である心の平静さを「涼し」として結んだのです。覚悟の中で発せられたこの言葉には、苦悩あるときは、苦悩に同化してしまえば、自然と苦悩が消滅する。そんな悟りの心境を感じます。

身近な状況で考えてみると、「心頭」とは、物事にこだわる分別・執着の心であり、「滅却」とはその心に煩わされたりすることがないこと。つまり、心を無の状態にし、分別・執着の心を振り払ってしまえば、「涼し」という冷静さが得られます。

日常生活の中で困難が生じたときは、その問題に振り回されるのではなく、自分自身を冷静に見つめることができれば、必ず乗り越えることができるでしょう。

老婆心《ろうばしん》

——忘れていませんか、誰かに向ける心

『臨済録』より。無生心の導き。臨済禅師は黄檗《おうばく》禅師の下で同じ問答で三回打たれる。そのことを大愚《だいぐ》禅師に告げると、大愚は「老婆の如く親切な導き方だ」という。途端に臨済禅師ははっと気づき無生心になった。

あれもこれも何もかも、かゆいところどころか、かゆくないところまで心を配るのが老婆心といえます。誰かに指摘をするときに、「老婆心で言わせて貰うけど……」という前置きをして、注意や忠告などをすることがよくあります。これは、孫を可愛がり先回りして世話をやくお婆さんのように、相手を大切に思うゆえの行動なのです。自分の経験から、あらかじめ伝えておいた方が相手のためになるのではないかという気持ちからおこる行為です。

そんな親切心も、行き過ぎるとおせっかいだと思われてしまいます。しかし、あなたのことが心配だったり、気にかけているからこそ、ついつい世話をやきたくなってしまうのです。

大切なのは、相手の愛情に気づき、ありがたく受け止めること。気づいたところから「おせっかい」は「愛情」に変わります。

誰かに向ける心のあり方。つまり、老婆心とは禅的な考えで解釈すると、親切や優しさという道徳心からおこるものではなく、無の心である無生心で行う行為ということになるのです。

結《けっ》果《か》自《じ》然《ねん》成《なる》

——流れに身を任せ自分を磨く

『伝灯録《でんとうろく》三』、菩提達磨《ぼだいだるま》章より。何事の不思議もない自然のはたらき。この語の前に「一華五葉《いちげごよう》を開き」とあり、達磨大師が二祖慧可《にそえか》に伝えたものである。

「結果自然成」という言葉は、禅宗の開祖、達磨大師が二祖慧可《えか》に伝えた「一華開五葉　結果自然成」からきています。一つの花から五枚の見事な花びらが開き、やがて実を結ぶように、修行に励みながらその中で自らを高めていけば、悟りという結果が自然に成り得るというものです。

それではこの結果が生み出されるために、どのような心境であればよいかといえば、慧能《えのう》禅師のこんな話があります。五祖弘忍《ごそくぐにん》禅師の元で修行していたとき、「応無所住《おうむしょじゅう》　而生其心《にしょうごしん》」という句に慧能禅師は悟りを感じました。この「応に住する所無くして而《しか》も其の心を生ずべし」という言葉には、「心にとらわれが無ければ、自由自在の心の働きが表れる」という意味合いがあり、このことから慧能禅師は、無心な心であれば自己そのものへの気づきが得られることがわかったのです。結果を成すために必要なのは、無心の大切さを理解すること。

「結果自然成」とは、自然の流れに身を任せながらも、自分自身を磨き続け、心の中の不純なものや執着心を取り払い、心を無の状態にしておけば、自ずと結果が成る、得るものが生じる、ということなのです。

夏有涼風冬有雪《なつにりょうふうありふゆにゆきあり》

——ありのままの現状を受け入れる

『無門関《むもんかん》』第十九則の頌より。平常心の働き。趙州《じょうしゅう》に南泉《なんせん》が「平常心是れ道」と答えた問答の無門《むもん》禅師の頌。平常心は無生心。無生心は日常的な煩わしさに振り回されず、ありのままを見る無住なる働きがある。道元禅師は「春は花 夏ほととぎす 秋は月 冬雪さえて涼しかりけり」と詠んでいる。

私たちの日々の暮らしは絶え間なく続いています。そのなかで、夏には暑くて何もする気がおきないとか、冬には寒くてたまらないから動けないなど、不平不満を持ち、何かにつけて環境の変化やまわりのせいにしたりすることがあります。

ある禅師が修行時代に、九州大分の豊後を八月に行脚したときのこと。日中は灼熱の日差しを受け、夜中には三十五度にも達するような熱帯夜となり、それは筆舌に尽くせぬほどでした。就寝する時間となり、修行で疲れた身を休めようとしましたが、あまりにも暑くて眠れません。寝つけず、翌日も朝早くから読経や掃除など忙しくなることを考えるといやな気分になってしまいました。そんなとき、お寺のご住職が自ら庭に水をまき、涼風をおこしてくれたのです。

寝苦しい暑さを和らげるため、修行僧たちへ行ってくれたこと。そのことから、禅師は暑さに不平を抱いていたその邪念を涼風によって気づかされたのです。

夏に涼風。一方では冬に雪。暑くてたまらないときに涼風が吹くこともあるし、寒い冬には雪が降ることもあります。つまらないことを気にかけず、あるがままの状況を受け入れる方が自分にとって過ごしやすいのです。

百雑砕《ひゃくざっさい》

――内面のイヤな部分を打ち砕いて新しい自分へ

『碧巌録《へきがんろく》』第十三一則の頌より。物事がこなごなに粉砕されたさま。粉々に打ち砕くこと。心中に存在するものを粉々に打ち砕けば何もなくなり無生心になる。空あるいは無を明らかにしてブッダのさとりを見抜く。

「百雑砕」は、心中に浮かぶ百もの雑念を粉々にして打ち砕いていくことです。自己の内面や物事を深く考えすぎてしまい、不安や悩みから逃れられず、自分の行うべきことがわからなくなってしまう。そんなときは、自分の中にある雑念を打ち砕いてみましょう。

文部省唱歌の「村の鍛冶屋」の一節に、こんな歌詞があります。

暫時もやまずに／槌うつ響／飛び散る火の玉／はしる湯玉
鞴《ふいご》の風さえ／息をもつかず
仕事に精出す／村の鍛冶屋

貧しいけれど、一生懸命に働く鍛冶屋の姿が目に浮かびます。しかし最後は次のように締めくくっています。

名物鍛冶屋は日日に繁盛／あたりに類なき仕事のほまれ

お金が欲しいなどの邪念を持たず、一心不乱に仕事をした結果が周囲の人から信頼を得たわけです。雑念を取り払うことで、自然に状態がよくなること。つまり、余計なことを考えず、一つのことに集中すれば、良い結果が生まれるのです。

色《しき》即《そく》是《ぜ》空《くう》　空《くう》即《そく》是《ぜ》色《しき》

――この世に生かされている自分を知る

色即是空：『般若心経《はんにゃしんぎょう》』より。存在は実体が無い。仏教学者の中村元先生は「空はなにも無い状態」が原意であるとする。

空即是色：『般若心経』より。実体の無いのが存在。色は中村元先生によれば「物質的現象として存在するもののこと」という。

この世に形あるすべてのもの（色）は、因と縁によって存在しているだけで実体はつかめない（空）というのが大乗仏教の基本的な考え方です。この意味を本当に理解したいなら、何年・何十年も修行し体得しなければならないでしょう。

たとえば、私たちに花（色）が見えるのは、生命を与えている天地の働きのおかげであり、もともとは実体のないものが、天地の働きにより現象として目にふれることができる形となっているということです。難しいようですが、私たち個人も全て本来は実体がつかめない「無」であり、天地の働き（いわゆる仏性）によりこの世に生かされているということなのです。

仏教学者中村元《はじめ》先生は、色即是空は物質的存在は互いに関係しあい変化しているので、現象としてあっても実体・主体・事象としてとらえるべきものはないこととし、空即是色は、物質的現象として存在するもののこと、としています。

つまり色即是空　空即是色とは、いっさいの存在は時々刻々と変化して実体のつかめない無であり、存在それ自体がおのずから無であるということ。このようなセンスや感性を坐禅で養うのです。

穏密田地《おんみつのでんち》

——忘れたくない無垢な心

『碧巌録《へきがんろく》』第十六則より。穏やかで密なものとは実は一番身近なもの。中国の宋代の禅僧圜悟克勤《えんごこくごん》禅師の語。穏やかで、隙間もなく密に我々に触れ合っているものといえば、空気である。空気は無住で、しかもそれ自体は音を発しないから、静かである。人間の心も本来空気と同じく涅槃寂静《ねはんじゃくじょう》であることをいっている。

穏やかで隙間なく密に存在する空気のようなもの、それがひっそりとして静かな田地のような状態であることを「隠密田地」は表しています。

歌人・斎藤茂吉《もきち》は、山形県上山市の農家の三男に生まれました。小学校高等科卒業後には父に連れられて上京、当時浅草に開業していた、親戚の斎藤病院に身を寄せました。その後、歌人を志した茂吉は、伊藤左千夫に師事します。

大正2年（1913）茂吉が三十一歳のときに、母いくと死別します。このことは「死にたまふ母」に記されています。

死に近き母に添い寝のしんしんと遠田のかはず天に聞こゆる。
わが母よ死にたまひゆくわが母よ我を生まし乳足《ちた》らひし母よ。
のど赤き玄鳥《つばくらめ》ふたつ屋梁《はり》にゐて垂乳根の母死にたまふなり。

本来「自らの心」とは、無垢で穏やかで、静かにそこに在るものです。この歌には、身近な存在であった母に対する気持ちと、故郷の自然に同化している無住心の境地が詠まれているのです。ふるさとの山河を愛し、父母を愛し続けた茂吉ならではの歌ではないでしょうか。

即《そく》心《しん》即《そく》佛《ぶつ》

――気持ちを落ち着ければ人間関係も穏やかになる

心は仏にほかならない。弟子の大梅が「仏とは何ですか」と問うと師の馬祖は「即心是仏」と答えたと『無門関』第三十則にある。「即心」とは悟った人間の平常心。また馬祖は「非心非佛」ともいっている。心に非らざれば仏に非ず。即心即佛と同じ意味。

「即心即佛」とは「本来の心はそのまま仏である」という意味で、誰もが心の中に仏性を持っているということなのです。しかし、日常を無為に過ごしているだけでは、その「心」があらわれることはありません。

心は仏にも鬼にもなるといわれています。これは自分の心がけ次第で、心は変わっていくということです。他人に対して、悪感情を持ち続けることもできますが、我欲や自我を捨て去ってみれば、無駄なイライラを感じることはありません。

右ページの馬祖と大梅の会話のなかで、馬祖は坐禅をしている弟子の大梅に対して「座禅をしているから仏になれるのではない。自分自身が仏なのだから、坐禅は仏を忘れ、自己を忘れることだ」ともいっています。大梅はそれを聞き、生涯馬祖の言葉を胸に修行を続けるのです。

人は毎日たくさんの人と出会います。そのたびに相手に対して不満やイライラを持っていては、自分自身が損をしているとは思いませんか？　何かに対してカッとしてしまったときは、努めて平常心でいること。それだけでも心が軽くなるのではないでしょうか。

一大事《いちだいじ》

——人として一番大切なことを知る

『法華経方便品《ほけきょうほうべんぼん》』より。一大事とは今日只今の心なり。最も大切な事の意。仏法・禅で最も大切な事は人間としての完成である。つまり無生心になること。白隠禅師の師・正受老人《しょうじゅろうじん》は「一大事と申すは今日只今の心なり」と詠《うた》われた。一大事とは即今、無生心になることである。

あなたの大事なものは何ですか。ご両親ですか。友達ですか。ぐっと現実的にお金ですか、地位ですか。人それぞれに価値観は違いますが、現代の世は何か大きなものを見失っているのではないでしょうか。

ブッダや諸仏にとっての一大事とは、坐禅し始めたら、必ず仏心仏性に目覚め、そして未だ目覚めていない人に目覚めさせることです。

一方、私たちは物に価値観を置く傾向があるようです。思い起こしてみればと、うなずいてしまう人も多いのではないでしょうか。しかしブッダや諸仏たちは、心に価値観があります。そこが私たちとの大きな違いです。

心だけじゃ生きていけないし、食べてもいけない……。そういう時代ですが、だからこそ心が大事になるのです。

その証拠に物を奪うために、仏心仏性を捨て、生きた鬼たちが事件を起こしているではありませんか。いかにして利を得るか、どうしたら人を蹴落とすことができるか、ニュースはこのような話ばかりです。もう一度、立ち戻って考えてください。私たちにとって一番大事なものは何なのかを。

打《だ》打《だ》

——愛のムチが導く境地とは

打って打って打ちまくる。「徳山《とくさん》の棒、臨済《りんざい》の喝」と称せられるように、徳山禅師は拄杖《しゅじょう》で学人を叩きのめすことによって無生心に導いている。心の中の不純物を打ちのめしたところに無生心がある。

他人のミスや過ちというものは、概してよく気がついてしまうものですが、そんなときこそ自分も何かミスや過ちをしていないか、気づくための良い機会です。

臨済宗の教化の特徴を示す「徳山の棒、臨済の喝」という言葉があります。これは、坐禅の最中に臨済がよく喝を与え、徳山禅師がよく棒を振るったという意味で、坐禅の厳しさを説いた言葉です。この言葉からわかるように、高名な師である徳山禅師はとても厳しく激しい指導で知られていました。

徳山禅師は数々の逸話の中でも、弟子たちから何か質問をされると、無言で棒を使って叩いたという話が有名で、そこから「打打」という言葉が用いられるようになったといわれています。彼は、仏心仏性を見抜いた境地から、弟子たちへの指導や教えに、棒を使い気持ちの中の邪心を打ちのめすことで、気づきを与えていたのです。言葉で何かを伝えるよりも、邪心を「打つ」ことによって払い、無生心へと導こうとする徳山禅師の心情が察せられます。

自分の中の気づきへの行為「打打」。目を背けずに自分自身を見つめ直したい時には、気持ちの中で心の雑念を棒で打ちのめしてみましょう。

莫眼花《がんかするなかれ》

――心を惑わす花に、気をとられていませんか

『碧巌録《へきがんろく》』第十八則「忠国師無縫塔《ちゅうこくしむほうとう》」より。眼花とは、眼病のときに空中に見える花・空花であり、迷いや妄想のことをいう。空花を見る（妄想をかく）ということは、一点の曇りもない清浄な心（無生心）の鏡に疵《きず》をつけるようなものだ。

無住心

「莫眼花」は無駄な思いをめぐらす妄想に陥ることをやめて、本当に求めていることや必要なことを見損なうことがないようにということを説いています。

禅の修行道場で厳しく戒められているのは、テレビや新聞、映画などをみることです。しかし托鉢《たくはつ》などで街を歩くと、様々な場所で否が応でも写真やポスターといったものが目に入ってきてしまいます。

きれいな女優さんの写真や映画のワンシーンは、あたかも眼の中に生じる花です。このような花たちは、幼い子どもたちにも悪影響をもたらすことがあるといわれていますが、修行僧にも計り知れない影響を与えているようです。

托鉢などで見てしまった花の残像をそのまま修行道場に持ち帰ると、坐禅中の瞼に、チラチラ浮かび上がります。修行不足といえば、それまでなのですが、一般生活と隔離されて修行している僧たちにとっては、刺激が強すぎるのかもしれません。僧堂によっては、入門したての僧を托鉢に出さないところもあるくらいなのです。

チラチラと花を見たら要注意。自己の本心が何なのかを見つめ直して下さい。

驀直去《まくじきにされ》

——迷わずまっしぐらに進もう

『無門関《むもんかん》』第三十一則「趙州勘婆《じょうしゅうかんば》」より。迷わずまっしぐらに行け。五台《ごだい》山《さん》への道を尋ねる数多の修行僧に対して、悉《ことごと》く「驀直去—真っ直ぐに行きなされ」と応じた婆さんがいたという。無生心ならば東西南北もない。故に方角を示したにあらず。迷わずまっしぐらに修行せよとの老婆心であろう。

北原白秋は人妻である松下俊子と恋に落ちました。その後、姦通罪で収監されてしまいます。この事件により、白秋は得意の絶頂からまっ逆さまに地獄へ転落してしまったといえるでしょう。うつ状態に陥った白秋は、自殺さえ考えました。しかし、白秋は『野晒《のざらし》』で次のように記しています。

死ナムトスレバイヨイヨニ
命恋シクナリニケリ、
身ヲノザラシニナシハテテ、
マコトノ涙イマゾ知ル

この一節には「死のうとすればするほど、命が惜しくて死ねなかった。けれども、我が身を捨てようと思い決めたとき、本当の涙の意味が分かった」という白秋の切なる思いが込められています。

死なずに生きていこうと決める。驀直に生きる。去るという言葉は、中国語で「行く」という意味があります。どんなに辛く苦しくても、自分自身の人生を自ら断つなどと考えてはいけません。前を向いて自分の命を最後まで全うするのです。

洗心《せんしん》

――気持ちをリフレッシュしよう

出典不明。「時時に勤めて払拭して、塵埃《じんあい》を惹からしむること勿れ」は五祖下・神秀《じんしゅう》の偈。無生心は本来無一物だが、煩悩や妄想などの塵・埃が知らぬ間に付着する。山岡鉄舟《やまおかてっしゅう》は「坐禅は心の石鹸」として坐禅に洗心の効用があると説く。

心を洗う。これは、禅の言葉では「無生心」になること、つまりは坐禅を行い、心を無にすることを意味します。幕末に活躍した山岡鉄舟は、文武をおさめるだけでなく、禅にも精通していました。「坐禅は心の石鹸」とし、鉄舟のもとを訪れた知人が、途中で坐禅をやめると一喝したといいます。

また、こんな話があります。一人の僧が趙州《じょうしゅう》和尚を訪ね、何をしたらよいか指示を与えて欲しいと頼みました。すると趙州和尚は「お前朝ご飯を食べたか?」と問い、僧が「はい」と答えると「では、持鉢《じはつ》(茶碗)を洗っておきなさい」といいました。これは、茶碗を洗うことは心を洗うことにも通じるのを示しています。

疲れきった心を抱えたときには、一日のうちに10分でもいいから「無」になる時間を作ってみるのはどうでしょうか。簡単な言葉でいってしまえば、ボーッとする時間です。いかに何もしない10分が長いか、そして常にいろんなことを考えているかがわかるはずです。何も考えず、何も意識しない。それだけで少し心が軽くなるような気がしませんか? 坐禅を毎日行うのは難しく、なかなか鉄舟の境地にはなれませんが、これなら誰にでもできそうですね。

無事《ぶじ》

――感情をリセットする時間をつくろう

『臨済《りんざい》録』に無事是貴人など出典。禅は、ブッダのさとり＝仏心仏性にある無生心だ。心に何も生じる事無し、無事で無生心。臨済禅師は、平常無事ともいった。平常心是道《へいじょうしんぜどう》としたのは、馬祖道一《ばそどういつ》禅師で「道は修するを用いず、但《た》だ汚染することを莫《なか》れ」と、悟ったものである。

禅でいう「無事」は、安全のことではありません。生じることを無で消してしまうことが無事という意味です。また目に見えない空気のような仏心仏性には、何事も生じません。そして、仏心仏性は無住心であるともいえます。

例えば、春になれば境内や庭の桜が満開になります。花心に朝の陽光が射し込むと、花心がきらきらと光の滴を放っているように見えます。その瞬間「私が輝いている」と感じたらそれは、自分自身が桜になりきって不二（一つのものになる）の状態になっているといえます。桜の輝きは私の輝きであると感じること、それこそが無住心なのです。

『臨済録』には「道流、心法《しんぽう》形無うして、十方に通貫《つうかん》す。眼に在《あ》っては見るといい、耳に在っては聞くといい、鼻に在っては香りをかぎ、口に在っては論談し、手に在っては執捉《しっそく》し、足に在っては運奔《うんぽん》す」という一節があります。これは、心はどこにでも宿り、住むことができるという意味です。

心を無にして、妬みや欲望、愛念や邪念などあらゆる雑念を心の底から取り除いてしまいましょう。

山花開似錦《さんかひらいてにしきににたり》、　澗水湛如藍《かんすいたたえてあいのごとし》

――うつろいゆく美しさが与える和み

『碧巌録《へきがんろく》』第八十二則「大龍《だいりゅう》堅固《けんご》法《ほっ》身《しん》」本則より。桜にもなれば、渓谷にもなる。僧の問い「如何なるか是れ堅固法身」に、大龍和尚が歌で応じた。山水の美は、ほれぼれする無生心である。大龍和尚の無生心は何ものにも住《とど》まらない。桜にもなれば渓の水にもなる。

大龍は弟子にこう聞かれました。

「生身の肉体はいつか病や老いで朽ちていきます。永遠に朽ちることのない仏身とはなんなのでしょう?」

「山花開似錦　澗水湛如藍」と大龍は答えます。

これは「山に咲く花々は錦のように美しく、青く澄み切った水は流れ続けている」という意味で、茶道の心得としてもよく耳にします。

大龍は自然の美しさを愛でるとともに、自然も変わらないようで変わってゆくものなのだから、人の心はもっと変わりやすい。些細なことを気にせず、もっと「あるがまま」を受け入れろという意味も込めたのでしょう。

自分の不幸や生活の不満を嘆いている人は、その自分を受け入れることも自分の心を強くするいい機会であるということです。

毎日に忙しく過ごしていると、季節の移り変わりに目をとめることも少ないかもしれません。だからこそ時には立ち止まって、うつろいゆく自然の美しさを愛で、美しいものを美しいと感じる、その心が素直な自分を取り戻すのです。

一無位真人《いちむいのしんにん》

——本来の自分の姿を見つめて

仏心仏性の別表現であり、絶対の自由人、真実の自己と『臨済録』にある。「上堂《じょうどう》に云く、赤肉団上《しゃくにくだんじょう》に一無位の真人あり。常に汝等諸人《なんじらしょにん》の面門《めんもん》より出入す。未だ証拠せざる者は、看よ、看よ」。無位は仏心仏性のこと。それを坐禅して看よという。

「無位」とは地位や名誉を一切取り払った状態のことを指し、「真人」とは真実の自分、自己のことを指しています。つまり地位や性別、年齢などにとらわれない本来の自分自身ということです。

『臨済録』によれば、私たち一人一人の体（赤肉団上）の中には、無位（位のつけようがない・世間の価値判断で決めることができない）真人（仏性）があるとしています。そして、眼・耳・鼻・舌・皮膚という五官機能（面門）から無位の真人がいつでも出たり入ったりしているので、まだその証拠を見たことがない人はそれをよく見（看）よというのです。

私たちの体そのものや、それをとりまく体の外側には、様々な部分で差がつけられています。体格や器量の良い悪いなど外見的な違いや、財産や名誉、学歴など環境の優劣。しかし、体の内側には、こうしたことから一切離れた、生まれたままの、そのままの自分自身で構わない、誇れる主体性があるのです。

一無位真人では、誰でもが真人であるのだから、自分自身の内側に目を向けてそのことに気づきましょう、ということを表しています。

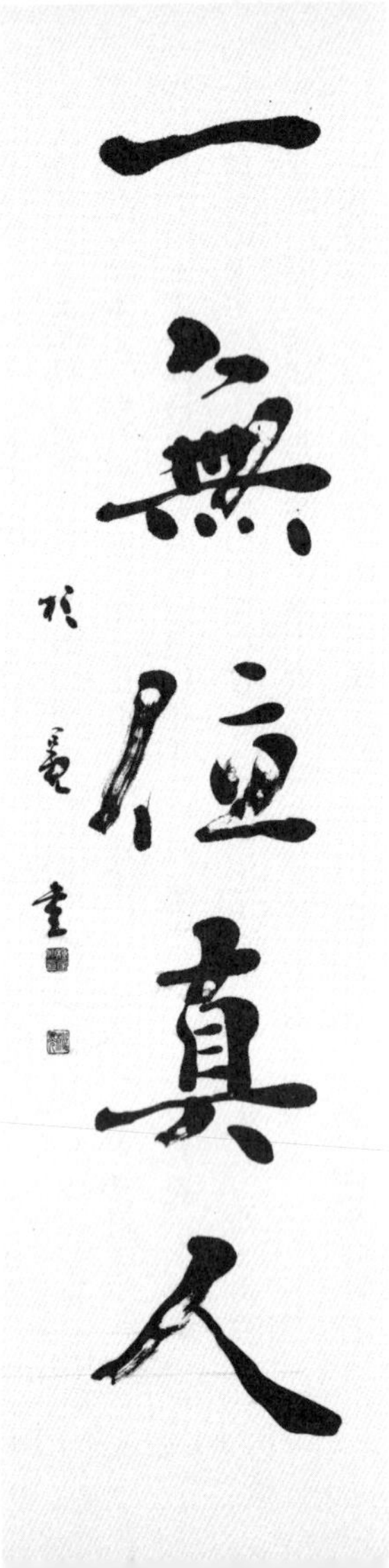

—一無位真人《いちむいのしんにん》—

一人のまことの人間には、真人（真実の自分・自己）がある。仏がある。自分の外側に仏を求めるのは信仰、自己の内側に仏心仏性を見抜くのが禅。坐禅をして価値判断のつけることができない、自分の中にある真人、ブッダのさとりを見抜くことが大切であると説く。

書＝種家 杉晃（本文１２６ページ） １３４×35㎝

第三章

イライラしないで
気持ちを穏やかに

無孔

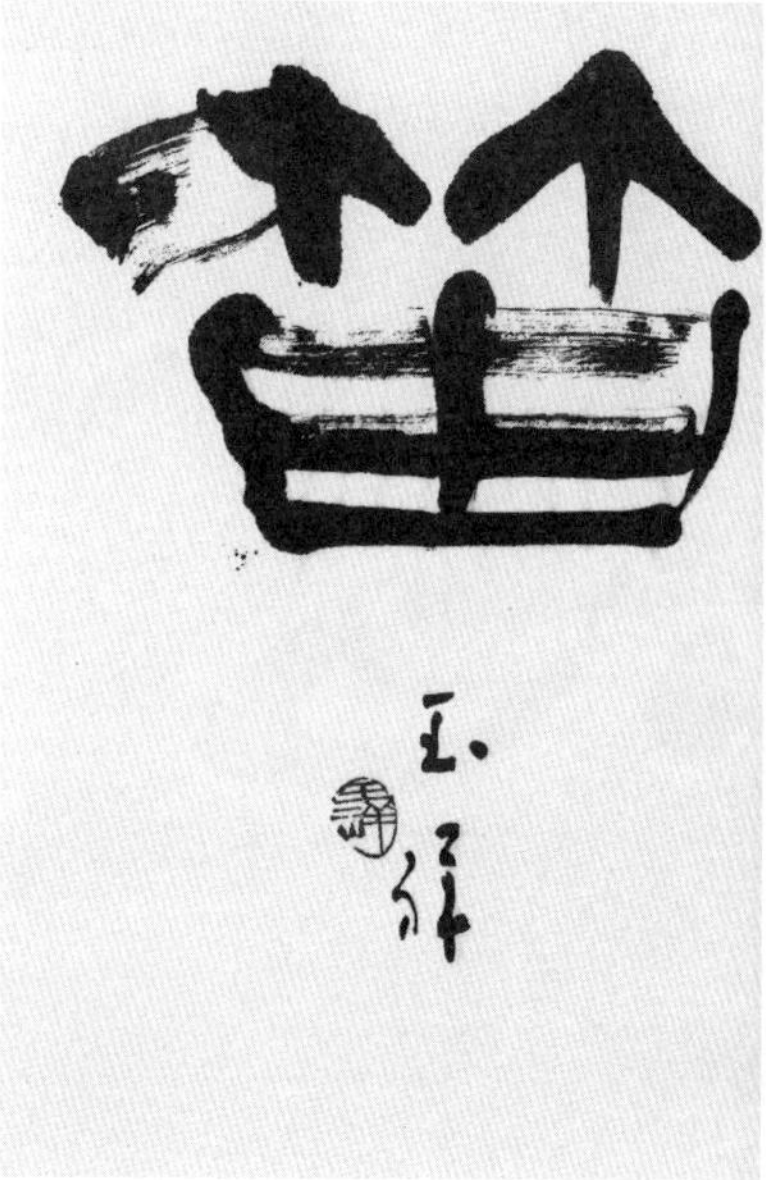

—無《む》孔《く》笛《てき》—

孔（あな）が無く吹くことができない笛。これは本当に役立たないのか？　無意味に思えるものであるが、ここにこそ無生心が表れている。常に何かを得ようとする我々の心（孔笛）を無で消す。絶対の境地や、常識的な思想表現を超えた、すぐれた説法の意味でもある。

書＝大多和 玉祥（本文150ページ）　35×46㎝

—愛心《あいしん》—

執着する心を表す。無生心、すなわち心に邪念や妄念の生じない世界には、憎愛心などない。愛心を無くすこと、愛心を断つことにより、心が何ものにも染まらない、自分の価値観にとらわれない無染心になれるのである。

書＝金敷 駸房（本文142ページ） 26×53㎝

空《くう》

——空っぽのイメージで心を軽くしよう

『般若心経《はんにゃしんぎょう》』より。何も無い。色（形あるもの）、受（感覚）、想（心の動き）、行（ものの動き）、識（知の動き）の五蘊《ごうん》がみな空であると『般若心経』では説く。坐禅をして、実体、感覚、意識を超越した（空じた）ところに無生心がある。

禅の言葉には、一文字で深く意義ある内容を含んだ文字が多くあります。そのなかで、「空」という文字は何も無い、全てのものは実体がないということを表しています。禅の言葉でよく出てくる「無」と同じ意味です。

では、イメージとして空という語がどんな姿を表しているのか、想像してみましょう。目をつぶって空気というものをイメージしてみます。とても感覚的なものですが、その中には生じるものも滅するものも、きれいなものも汚いものも何もない。そんな世界を思い浮かべるのです。

この〝何もない世界〟を感じることは、坐禅して自分の感覚を改めて見つめなおす良いきっかけになります。何か失敗をしてしまったり、人間関係がうまくいかなくなったり、わけもなくイライラしたりすることがあれば、こんなときこそ、「空」をイメージしてみましょう。そこには、邪念を消し、迷いや怒り、苦痛や喜びさえも消し去るという、気持ちを軽くする術が隠されています。

毎日の生活のなかでおこる様々なことも、考え方しだいで、大きく変わるきっかけとなります。禅語はそれを気づかせるためのメッセージです。

一隻眼《いっせきげん》

——本物がわかる真実を見抜く眼

『碧巌録《へきがんろく》』第八則。真実を見抜く眼。仏教では「肉眼《にくげん》」「天眼《てんげん》」「慧眼《えげん》」「法《ほう》眼《げん》」「仏眼《ぶつげん》」の五つの目があるとされているが、一隻眼はこのすべてを兼ね備えているとされる。何事にも一つのことを極めた人が有するといわれ、『無門関《むもんかん》』第六則「世尊拈華《せそんねんげ》」の正法眼に同じ。明眼ともいう。

「第三の眼がある」「第三の眼が開く」なんて言葉を聞いたことがありませんか。禅においても、両目の上に更に、縦についているといわれている一つの眼があります。つまり、「心の眼」です。

一隻眼とは、瞑想と目覚めが一つになることをいいます。

「六祖《ろくそ》壇経《だんきょう》」では、瞑想と目覚めについて「大勢の修行者よ、はじめに瞑想して目覚めを得ることと、はじめに目覚めを得て瞑想に入ることが、それぞれ違うと考えてはいけません。こういう考え方をすれば、真理に二つの立場があることになってしまいます。口先で立派なことをいうだけで胸のうちは立派でないと、いたずらに瞑想と目覚めが生まれるだけです。それでは瞑想と目覚めが一つになりません。心と言葉とが共に立派で、内と外とが一つであるとき、瞑想と目覚めはそのままひとしい」と述べられています。

「瞑想」と「目覚め」というように、一見すると二つに分かれているようですが、その実体はもともと同じなのです。心と言葉を一つにして、真実を見抜く力を養いましょう。

無《む》功《く》徳《どく》

——見返りを求めずに行動する

いかなる功徳も無であるからこそ積まれるもの。『碧巌録《へきがんろく》』第一則、武帝と達磨大師の問答より。「寺を建て僧を度した（養成した）が功徳はあるか」の問いに大師は「無功徳」と答えた。武帝の行為に対して仏心仏性には功徳は存在しないと応じたのである。

無功徳とは、功徳（善い行いに対する報い・御利益）がないこと。寺を建て、僧を納得させた武帝であっても、禅では無功徳であるという教えです。

これは、禅の世界では功徳を求めて仕事をするべきではないという単純な教えではありません。達磨大師が初めて梁の武帝に会ったとき、武帝は大師に問いました。「朕（私）は寺を建てて僧を度した（養成した）けれど、どのような功徳があるのか」それを受けて大師は「無功徳」と言いました。

言葉だけをとらえると、寺を建てて僧を養成したのに、なぜ善い行いへの報いが無いと言ったのだろうと思えてしまいます。しかし、何かを行うのには心に何も生じない（無生心・仏心仏性）気持ちこそ大切なことだと、大師は伝えたのでしょう。

普段の生活の中で、何か物事を行う時や、誰かに何かをした時など、知らず知らずの無意識のうちに、功徳を考えていませんか。

見返りも打算も下心も捨てて、自分の素直な心のままに無心の中で行うものこそ、悟りの第一歩といえるでしょう。

日々是好日《にちにちこれこうにち》

——充実した一日を過ごすために

『碧巌録《へきがんろく》』第六則。日々是れ無生心。「雲門十五日」の話にある。雲門文偃《うんもんぶんえん》禅師が弟子たちに「十五日已前《いぜん》は汝に問わず、十五日已後《いご》、一句を道将来《いいもち》たれ」といった問に自ら「日々是好日」と答えた。「好日」とは、仏心仏性・無生心になって生きることである。

広く知られるこの言葉の意味を「ただ毎日を楽しく過ごす」ことだと思っている人も多いでしょう。しかしこれは、「どんな日であっても毎日は常に新しく、かけがえのないものである」という意味なのです。

受験生は志望する学校に合格するため、毎日黙々と勉強をしています。しかし、一人で孤独や不安な思いを抱えて机に向かうなか「本当にこんな毎日を過ごしていて意味はあるのか」と、途方に暮れる日もあるかもしれません。よく予備校や学習塾で「日々是好日」と貼り紙するのは、そんな受験生を鼓舞するためといわれます。

雲門文偃《うんもんぶんえん》禅師は、弟子たちに「今から15日後の自分の心を一言で言ってみなさい」と問いました。弟子たちがみな答えられずにいると、雲門は自ら「日々是好日」と答えたといいます。

「日々是好日」には、自己の本分に生きるということをも示しています。つまり、学生であれば学生としての勉学という本分に徹することが大切。徹する前から、妄想しないよう、戒《いまし》めの意味もあるのです。

愛心《あいしん》

——執着する思いを捨ててみよう

無生心は憎愛心《ぞうあいしん》無し。執着する心。『頓悟要門《とんごようもん》』には「一切処に無心なりとは憎愛心無き是なり。〈中略〉愛無くんば即《すなわ》ち無染心《むぜんしん》（分別に染まらない心）と名づく」とある。

愛する心は良いもののように思えるのですが、禅の考えでは執着を消さなければブッダのさとりを見抜けないので、愛心すら否定します。ここがみなさんの考える道徳と禅の教えとの違いなのです。

一般に心はきれい、善であるというのは道徳であり、性善説です。しかし、禅では何も生じていない空気のような心を仏心仏性として尊ぶのです。性善説は文字で説明することはできますが、空気のような仏心仏性というものはセンスですので、文字では説けずに、感じていくことしかありません。この点が禅の難しいところです。

白鳥は　哀しからずや空の青　海のあをにも染まずただよふ

歌人の若山牧水のこの歌は、空の色にも海の色にも染まらず、飛んでいる白鳥の姿に、自由な心のあり方をみたのです。何にも染まらない、あれこれ思いめぐらして考えすぎない無染心こそ、何かに執着する愛心を取り去った状態です。

実は白鳥の歌を詠んだ当時、牧水は恋に焦がれていました。若かった牧水は自分に比べてなにものにも染まっていない白鳥に憧れていたのでしょう。

無《む》寒《かん》暑《じょ》

——すべてを肯定し、受け止めてみよう

徹底的に肯定してみよう。ある僧が「寒さ暑さのない処とは？」と問うと洞山良价《とうざんりょうかい》は「寒い時は徹底して寒くし、暑い時は徹底して暑くすることだ」と答えたと『碧巌録《へきがんろく》』第四十三則にある。無生心には「寒暑」は存在しない。

人生には季節と同じ寒さと暑さ、つまり順境と逆境があります。寒期が訪れた時には、無理に対立して寒さを抑えるのではなく、自らを寒さと化してしまえば自然と寒さはなくなるのだそうです。これが、禅でいう「無寒暑」という教え。

「文部省唱歌　冬景色」には「狭霧《さぎり》消ゆる湊江《みなとえ》の／船に白し　朝の霜／ただ水鳥の声はして／いまだ目覚めず　岸の家」という一節があり、寒さに凍り付いた、極寒の厳しさを肌で感じるようです。

寒いときは徹底的に寒く、暑いときは徹底的に暑くすることで、寒も無、暑も無というのは無生心となります。禅の道理としては分かるかもしれませんが、一般的にはなかなか理解しにくいことです。悟った人にはわかりますが、悟っていない人には見当もつかないのが禅語なのです。

また、「清濁あわせ飲む」という言葉もあります。きれいな物も汚い物も一度に飲み込んでしまうという、容易なことではないのですが、すべてをありのままに受け止めることで、違った考え方やものの見方もできるということを示しているのです。

黙《もく》

——言葉にはない強いメッセージ

『維摩経《ゆいまぎょう》』「入不二法門品《にっぷじほうもんほん》」より。維摩の一黙、雷の如し。不二の法門について意見を求められた維摩居士《ゆいまこじ》、「黙然として言無し」であった。これを「維摩の一黙、雷の如し」という。

黙っていた方がより伝わること。ときに大きな効用を発揮することがあります。『維摩経《ゆいまぎょう》』に、「不二法門《ふにほうもん》」という考えがあります。これを親と子の関係で説明してみましょう。親が自我を捨てて、子と一体になること。親と子の二人という存在ではなく、一つになる。二つではなく、不二になること。それが、「不二法門」というのです。

あるとき、維摩という人が「不二の法門に入るにはどうすればよいか」と、菩《ぼ》薩《さつ》たちに尋ねます。何人かの菩薩たちは、一人ずつ不二の法門に入ることを説明すると、文殊菩薩《もんじゅぼさつ》が「全てのことについて、言葉もなく、説明もなく、指示もなく、意識することもなく、すべての相互の問答を離れ超えている。これを不二法門に入るとなす」といいました。すると今度は、維摩の見解を聞きたいと促されたのですが、維摩は黙然として語りませんでした。文殊はこれを見て「なるほど文字も言葉もない、これぞ真に不二法門に入る」と感心して褒め称えたのです。「黙」は、無語、語が生じない。つまり、仏心仏性という気づきができたのです。これを「維摩の一黙、雷の如し」といいます。

看《みよ》看《みよ》

――心の中の宝物は見えていますか？

『碧巌録《へきがんろく》』第六十三則より。宝を看よ。雲門《うんもん》禅師の「時空を超えた宝が我々の中に存在していて、しかも自由自在に働いている」との示衆を受けて雪竇《せっちょう》禅師が「看看」と頌《じゅ》している。宝とは無生心のこと。無生心を見極めよとの意味。

よく使われる「看」という文字。この「看」という文字には、手と目という二つの漢字が組み合わさり、手をかざしてよく見るという意味合いがこめられています。ただ見るのではなく、対象としているものを見逃さないようにしっかり見るというものです。

中国の禅僧、雲門禅師が「時空を超えた宝が我々の中に存在していて、しかも自由自在に働いている」と修行者達に教えを説きました。雲門禅師の示した宝とは、心に何も生じない無生心のことです。すると、雪竇禅師が「看看《みよみよ》」と、褒め称えながらいいました。

私たちの心の中にはいつの世でも変わらない清らかな無生心という宝が自由に作用しているのだから、その存在をしっかりとよく見つめてみましょうという、二人の禅師からの教えです。

自分の本来の心を見失ってしまってしまわないように、しっかりと気をつけて見つめること。心の手をかざしながら、心の目を見開いてみれば、誰でもが持つ大切なものはきっと見えてきます。

無孔笛《むくてき》

——心の中で音色を奏でてみよう

『碧巌録《へきがんろく》』第八十二則より。孔の無い笛は本当に役立たないのか。『頓悟《とんご》要門《ようもん》』によると「悟とは得られる何ものもないと悟ること」とある。我々は常に何かを得ようとしている。孔笛があっては無生心にならぬから、心中の孔笛を無で消した。

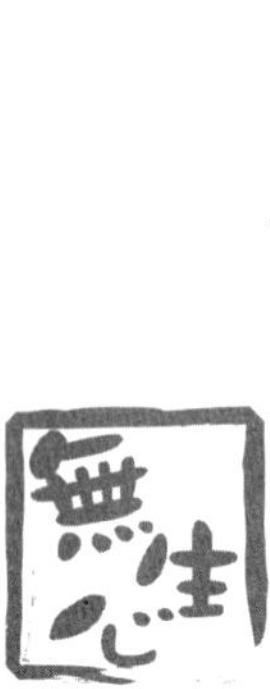

笛には、穴があいているから音がでます。穴がなければ音がでませんし、使い物にすらなりません。しかし禅の世界では、笛に穴があって音や声が出てしまったら、音や声が生じてしまうので、無生心ではなくなります。

『般若心経《はんにゃしんぎょう》』にある「不生」は、ブッダのさとり＝仏心仏性をイメージするうえでのキーワードになる部分です。また「無色声香味触法《むしきしょうこうみそくほう》」の「無声」とは、同じく無生心であり、仏心仏性の境地を表しています。

孔笛では、音が出てしまいます。音や声が生じないことが「無」であるならば、無孔笛とすることで、その境地に達するのが禅の目標です。「黙」も同様に解釈されます。

しかし音が出ない笛とは、不思議なもののような気がしますが、辺り構わず吹きまくる雑音のような笛ではどうでしょう？　人に対してしゃべりまくることで、自分の存在感が増すという勘違い。これほど迷惑なことはありません。初対面の人には誤解を生みますし、その後のつきあいにも影響します。どうせなら、無孔笛の素敵な音色を心の中で、奏でてみてはいかがでしょうか。

和光同塵《わこうどうじん》

――時には立ち止まり足もとを見てみる

もとの言葉は『老子』の「其の光を和らげて其の塵に同ず。」「和光」とは、自らが勉学、修行などの努力で得た道徳や才智の輝く光を和らげ、表に出さないことである。「同塵」とは、塵やごみに汚れた現実世界と同化すること。つまりどんなに優れた聖人、禅師であっても、その才智や学徳を和らげ、表面に出さず現実世界で俗塵《ぞくじん》にまみれて生きていくことである。

ちょっと有名になったり、地位やお金を得たりすると、途端にツンとすまして、性格が変わってしまう人がよくいます。また親の七光りを勘違いして、自分までもが偉そうに振る舞う人もいます。

上役にちょっと目をかけられただけで、もう舞い上がってしまう。高額な接待費を会社で払ってもらうと、自分のお金を使うかのように振る舞いが偉そうになる。このような人たちは、とかく人間力が低い証拠です。百尺の竿の先まで上がりきれば、また下に降りて初心に戻ってやり直す。そうしないと、あるところで急に落下するのです。

つまり上を極めたら、もう一度、出発点に立ち返って、人々と混じり合うことが大切なのです。

『十牛図《じゅうぎゅうず》』には「おなかをだして町を歩き、お店に入ってみんなと飲み食いしたり」とあります。完全に悟りきったら、自分だけ孤高になるのも駄目だということを、表した言葉です。

人間らしく生きること。これが「和光同塵」ということです。

触処清涼《そくしょせいりょう》

——清々しい気分を感じる

『碧巌録《へきがんろく》』第七十則より。或ることに気づけば何処に居ても清々しい。「善悪やその他一切の価値観は自分の心に原因がある」と大珠慧海《だいじゅえかい》禅師は『頓悟要門《とんごようもん》』で指摘する。元々は触れる処がどこでも清涼であるこの世界。仏心仏性は本来自性清浄《じしょうせいじょう》である。それを清涼の語で示したもの。

触れるところ、つまりいたる所が清らかで清々しいという「触処清涼」。この響きが心地よい場所はどこだろうと、探してみたくなります。しかしそれはとても近い所、実は心の中にあるのです。

本来、誰でもが持つ清らかな心、清涼な世界は、しだいに欲望や罪悪、煩悩などによって景色が変わってきてしまいます。

「善悪やその他一切の価値観は自分の心に原因がある」と大珠慧海《だいじゅえかい》禅師は『頓悟要門《とんごようもん》』で指摘しています。そもそも善悪の区別は自己が決めたことですし、様々な知識から得た価値観はすべてが正しいものとはかぎりません。歪んだ価値観や思い込みの固定観念、不の感情を持っていては、清涼な心が保てるはずがありません。逆に、自分自身の心を見つめ直し、澄んだ心のあるがままの姿、本来の自分自身に立ち返ることができれば、どこにいようとも、そこが清々しい場所になるのです。

自分の心の内側が清涼になれば、自分をとりまく環境がどんな所であれ、清涼な所になるのです。言うは易く、そこを悟るのは難しいのですが。

拈華微笑《ねんげみしょう》

——言葉はなくても伝わること

『無門関《むもんかん》』第六則「世尊拈華《せそんねんげ》」より。

心を以って、心に伝う。釈尊《しゃくそん》が一輪の花を手にすると、弟子の迦葉《かしょう》のみが微笑んだ。言葉では説明できない仏法の真理が以心伝心されたのである。迦葉には無生心がわかった。禅宗の師資相《ししそう》承《しょう》（師から弟子に余すことなく伝法する）はここに始まる。

釈尊《しゃくそん》は、法会の席で、聴衆を前にして一輪の花をすっと差し出しました。その意味が分からず多くの弟子たちが黙っている中、迦葉《かしょう》尊者という弟子のみが微笑みを返しました。このことから、唯一無心であった迦葉尊者だけが、釈尊の心を理解していたことが分かります。言葉では述べられない、文字にも表せない微妙な悟りの心が師から弟子へ伝わったのです。

この話から「拈華微笑」という言葉が生まれ、人間の純真な行為は、言葉や文字で表さなくても相通じるものがあるということを示しています。

美しい自然や芸術作品を鑑賞したとき、黙って感嘆するほど心を揺さぶられます。これは雑念の無い心で感じているからこそ、言葉がなくても受け取るものがあったのです。私たちの生活の中で、心に感じたことを文字や言葉では表せないときがよくあります。それを誰かに伝えたいときはまず、気持ちの中から余計な思いを振り払い、汚れの無い心に立ち返ってみましょう。無心な状態こそ、気持ちを受け渡す力が備わっているからです。

「拈華微笑」は、真意は心から心に伝わることを静かに教えてくれています。

松無古今色竹有上下節《まつにここんのいろなく、たけにじょうげのふしあり》

——分け隔てのない世界へ導く

「松無古今色」とは、松が春夏秋冬を通じ、枯れることなく青々と変わらぬものであるという意。「竹有上下節」とは、まっすぐに伸びた竹には上下の節があるという意。松竹で有無、古今と上下を並べ対比させた句で、差別即平等、平等即差別の意が込められている。『夢窓国師《むそうこくし》語録』には「竹有上下節松無古今色」ともある。

松と竹。ともに一年を通じて青々とした緑を有する植物で、おめでたいしるしとして用いられています。

松の木には古い部分と、新しく伸びた部分で色の違いはありません。これを禅の解釈では、平等であるとします。一方、竹は上下に節があることから、平等ではないともいえるのです。前句の「松無古今色」は無生心の境地。後句の「竹有上下節」は無住心をうながす意味合いがあります。

至道無難《しどうぶなん》禅師は「生きながら死人となりて、なりはてて、心のままにするのよき」という言葉を残しています。これは「坐禅により、生きながら死人になるかのように無生心になりなさい」ということです。そして「死人となり無生心になったら、あらゆる存在と自由自在に交流することができ、無住心になれる」という無生心と無住心の関係性を述べているのです。

無住心になり、無我になった自分は何者にもなれます。今も昔も変わらない松の木の色のように、誰にでも等しく接することのできる心を忘れずに生きていきましょう。

たらちねの生《う》まれぬ前《さき》の月《つき》明《あ》かり

――目に見えるものと見えないものが、それぞれつながりあっている

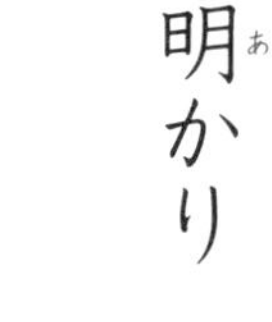

中川宋淵《なかがわそうえん》老師の句。原始初代から未来永劫にありのままで、かざらず、平常な自然「本来の面目」はなにか。老師は、父母を、たらちねでうたい、未生以前を、生まれぬ前の、として、本来の面目を、月明かりで歌い上げている。

禅僧であり俳人の中川宋淵老師。老師が詠んだ「たらちねの生まれぬ前の月明かり」という句には、両親《たらちね》の生前＝自分自身の本来の姿というものが、月明かりに見えたというもの。今の姿だけが自分自身ではないというものです。

日の落つる　かたに生ふなる　古き樹の
古き生命を　たづね来ぬ
僧形《そうぎょう》の　仄かなる我
人の世の　せはしいとなみ　街の相《すがた》
日向の道を　うらうらと　我は歩みぬ　／（以下略）

中川宋淵老師が残したこの言葉には、古い樹の古い生命に触れた僧の姿をした私が、せわしない世の中で生き、そうした中で自分自身の本来の姿とは何かを考えています。古い命と出会いながら、自分自身をみつめているのです。

自分自身の本当の存在とは何か。誰でもが一度は問うものではないでしょうか。考えても容易に答えが出せるものではありませんが、その問いに向き合うことで、今を生きる目的を導き出すことにつながっていくのです。

無味談《むみのだん》

――どんな話にも真実と意義がある

『碧巌録《へきがんろく》』第十七則「香林坐《ざ》久《きゅう》成《じょう》労《ろう》」、『碧巌録』第三十則「趙州大蘿蔔頭《じょうしゅうだいらふとう》」、『碧巌録』第五十八則「趙州分疎不下《じょうしゅうぶんそふげ》」より。
一見無意味に思えるが、その真実には、大いに味わいのある意義が含まれているということ。

味のない話なんて、退屈きわまりないものです。でも禅においては、味の無い話でなければいけない、ということがあります。それはなぜでしょうか。17ページで説明したように『般若心経《はんにゃしんぎょう》』には、「無眼耳鼻舌身意《むげんにびぜっしんに》」とあります。眼もなく、耳もなく、鼻も、舌も、身も、意もないこと。つまり舌が無いのだから、味はなく、味を無にして無生心、ブッダのさとりの境地を表しています。同じく『般若心経』には、「無色声香味触法」ともあります。これは「形あるもの・声・香・味・触るもの・教えが無い」と読みます。この中の「無と味」を取り出して、談の字をつけ加えたのが「無味談」となるのです。

誰でも友人とは、長話をしたことがあるはずです。仲の良い友達との長電話なら、一〜二時間なんて平気。そんな長話に限って、あまり中身がないものではないでしょうか。

しかし一見、無意味に思えることであっても、味わいある意義が含まれると「無味談」は示しています。無垢な気持ちで考えると、そこから真実が見えてくることがあるのかもしれません。

山是山水是水《やまはこれやま、みずはこれみず》

——ありのままの姿を知る

『雲門匡真禅師広録《うんもんきょうしんぜんじんこうろく》』上、『碧巌録《へきがんろく》』第四十則・第六十二則等より。山水は山水に非ず、是れを山水と名づく。これは、山は山、水は水という意味である。

夏目漱石が晩年に宿泊した湯河原の宿で、「山是山水是水」と残しています。山は山、水は水であり、それぞれに紛れもない存在の違いがあります。しかし、その存在を形に捉われることなく感じ、真実の姿を見ようとすると、ただ見ていただけではわからなかった姿が表れてくるというもの。

大乗経典の『金剛経』の中に、「世界は世界に非ず、是れを世界と名づく」という言葉があります。私たちが暮らし、生きている、普段意識しなくてもとらえているこの世界を、一度否定してみましょう。そして、無心になり自分自身が何ものにもなれる感覚、無住心の気持ちで世界を再びとらえてみると、今まで考えていた世界を超えた真の世界が表れてきます、というものです。

晩年には、神経衰弱や胃潰瘍を患った漱石。心身共に苦しむなかで見出したのが、我に執着するのを捨て、諦観《ていかん》にも似た調和的な世界に身をまかせる則天去私《そくてんきょし》の世界。彼はこの心境を理想とし、「山是山水是水」という言葉を記したのです。

ありのままを見て受け入れ、そこに固執する気持ちを捨て去ると、真の姿が見えてくるということでしょう。

古池《ふるいけ》やかわず飛《と》び込《こ》む水《みず》の音《おと》

——身近にあるものが教えること

芭蕉は、隅田川の近くに泊船庵《はくせんあん》を建て蕉門の拠点にし、近くの臨川庵《りんせんあん》の仏《ぶっ》頂《ちょう》和《お》尚《しょう》に参禅していた。和尚が「どうだね」というと「雨《う》後《ご》青苔《せいたい》洗《あら》う」と芭蕉は答えた。「青苔《せいたい》未《み》世《しょう》以《い》前《ぜん》」と和尚がいえば「かわず飛び込む水の音」と芭蕉は応じた。この問答からできた句。

松尾芭蕉、三十六歳の頃。江戸の俳壇に失望した芭蕉は、江戸の街中を去り、隅田川東岸の深川に移り住みました。

ここで、芭蕉は近くにある臨川庵の仏頂和尚に参禅します。ある日、芭蕉を見た和尚が「いかがかな」と尋ねると、芭蕉は「雨後青苔洗」とこたえました。雨上がりの苔の青さで、手まで染まりそうという、無生心・無住心を表したのです。

このようにして、芭蕉は禅と出会い、その造詣を深めていったといわれています。その後、禅によって、無の極地といわれる「無生心」や「無住心」を手に入れた芭蕉の句には、それらの心が映し出されたものが数多くみられます。有名な「古池や蛙飛び込む水の音」という句にも禅の世界が反映されています。

「蛙が池に飛び込む、ドボンという音は、原始初代から未来永劫までかわらない不変のもの（父母未生以前）だ」という教えです。これは、宇宙や自然の本来の真実の姿という意味です。

このように、芭蕉の句を禅的解釈をして理解していくと、また新たな世界が見えてきます。

不《ふ》垢《く》不《ふ》浄《じょう》

——生活が穏やかになるちょっとした道しるべ

仏心仏性の姿。『般若心経《はんにゃしんぎょう》』より。

仏心仏性は目前の空気とすると、垢も浄も生じない、不生である。その中に存在するすべては恒常ではなく無情である。

より良く生きたい、いつも優しくありたい、誰かに親切にしたいなど、毎日の生活で思うことがあります。しかし、こうした考えには、心の中に余計なものが入り込んでいることがあります。それは何かを求めたい、得たいという邪心です。

禅の教えでは、目前の空気のように、何も心に生じていない状態こそが、穏やかな生活を送る術となります。そして、それを表しているのが「不垢不浄」です。

「不垢不浄」は、垢=濁っているものや汚いもの、浄=美しいものやキレイなもの、そのどちらもが生じていないという世界です。つまり心や理性という私たちが日々使っている感覚を停止する、無くしてしまうようなことです。

良いことも無いけれど、悪いことも無い。愉しみや悲しみも無い。ちょっと視点を変えて、世界を不垢不浄として見てみると、今までにとらわれていたものから解き放たれていきます。翻弄されることのない感覚、生きることそのものという、シンプルな世界に導かれます。

何も生じない世界を感じ、少しずつ禅の言葉を理解すると、日々の暮らしが変わってくることでしょう。

響《きょう》

——生の鼓動を感じてみよう

解け合う働き。響き合うこと。音として耳だけのことではなく、目・耳・鼻・舌・身・意を駆使し、全身全霊で響き合い、対象にとけ込んでゆく無住心の姿をいう。同義語として嚮（コウ・向かい合う）がある。

すべての人と響き合えたら、どんなに素敵なことでしょう。相手の声や心、そして森羅万象にも響きあうことはできるのです。

鏡清《きょうせい》和尚が、僧に尋ねます。「外で音がするが、何の声か」。すると「雨だれの音です」と僧はいいました。たしかに雨だれの音には変わりませんが、自己と響き合わなければ、雨だれと一体にはなれません。ポツリ、ポツリという音を仏心仏性で受けとることが禅にとって大切なことです。この感性を磨くのが坐禅です。自然や動物など森羅万象すべてに同化するのが、無住心の境地です。

『大きな古時計』という歌は、その姿を表現しています。

この歌では、長い年月の時を刻んだ時計が主人公の死とともに動かなくなります。これは対象に対して、とけ込んでいく無住心の姿。また命あるものには限りがあるという無常の姿をも気づかせてくれるのです。

少しは「響」という言葉をイメージできたでしょうか。人間は歌の時計と同じように、いつかは動かなくなります。その日まで、すべてと響き合って生きていきたいものですね。

—響《きょう》—

響き合うのはお互いの気持ちが一つになっているから。互いにちぐはぐになっていると、かみ合わない。それは両者が不信になっているからである。お互いに理解し合うこと。相手をわかろうとする気持ちは、心がどこにでも住むことができるという、無住心の姿。

書＝石飛 博光（本文170ページ） 45×29㎝

第四章

勇気を持って
一歩前へ踏み出そう

—柳緑花紅《やなぎはみどりはなはくれない》—

柳は緑色をなすように、花は紅色に咲くように、春の美しい自然の姿を形容する言葉。また、人為的には生み出せない素晴らしい景色は、この世のあらゆるものの存在が様々な姿形を見せていること、自然の摂理にのっとっていることを表す。

書＝金敷 駸房（本文202ページ） 21×52㎝

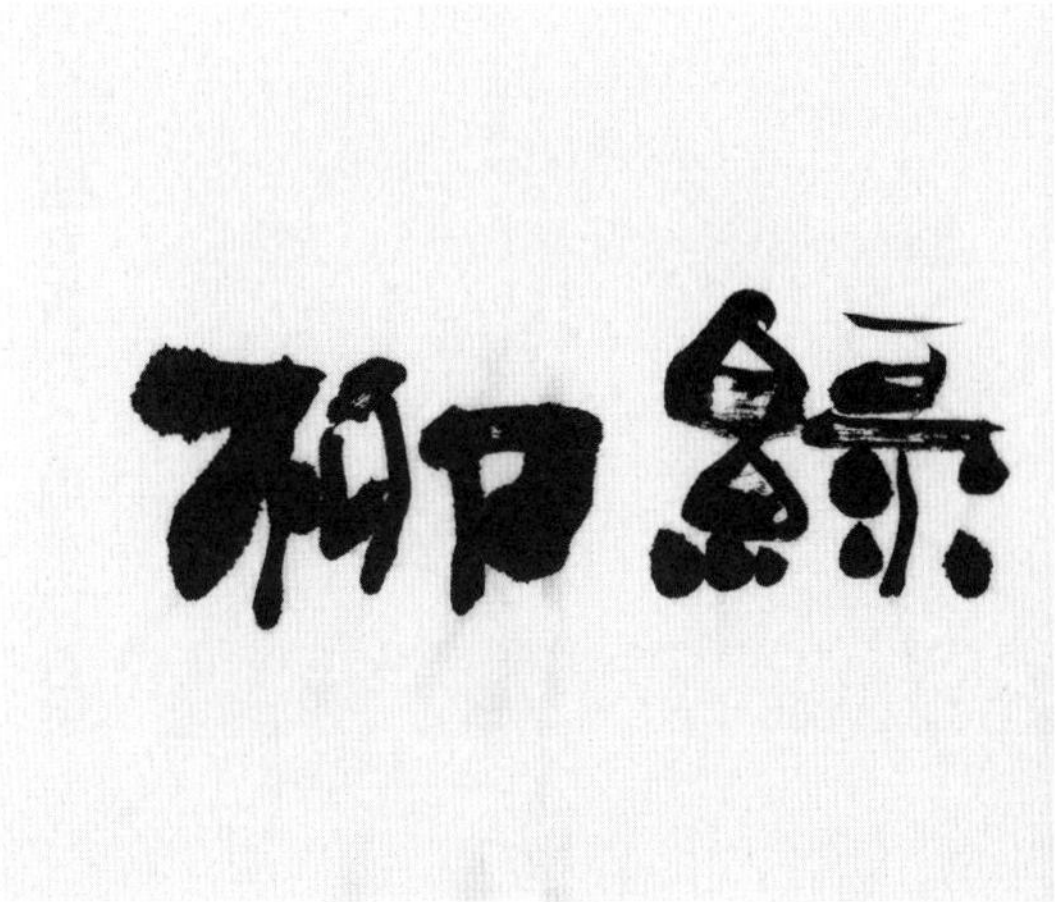
柳緑

一刀両断《いっとうりょうだん》

――迷いを断ち新たな道をひらく

『碧巌録《へきがんろく》』第六十三則「南泉斬猫《なんせんざんみょう》」頌・評唱より。すべての妄念を斬る。猫のことで争う修行僧達に対し、南泉和尚が猫を一刀両断にした話があるが、斬ったのは猫なのかどうかは、わからない。我々がもつ妄想や、好き嫌い・利害など対立の観念、その全てを断ち切ったのだ。

南泉山の普願禅師のもとに多くの修行僧が集まっていました。ある日、庭にいた一匹の猫をつかまえて、その修行僧たちが「猫にも仏性があるのかどうか」という論争をしていました。それに気づいた南泉老師は、争う両者の間に入り「道《い》い得れば助けよう。道い得ずば斬る」といいました。道にかなった答えをすれば、猫を助けるが、できないのであれば猫を斬るぞという意味です。修行僧たちは、この問いに誰も答えることができず、南泉老師は猫を斬り捨ててしまいました。さらに、「猫どころか、仏と道えば仏を殺し、祖と道えば祖を殺し」と続けました。そうしなければ、無生心の境地を獲得することはできないのです。

なんとも残酷な逸話ですが、これは猫そのものを斬ったという話でしょうか。猫を心の中で斬ることによって、南泉老師は、修行僧たちの迷いや妄想、対立の意識を斬ったともとれます。無の極地である無生心へ導くための指導のひとつです。大切なのは表面的な行動ではなく、そこに秘められた教えです。

このように、禅語には受け手に考えさせるメッセージがあります。言葉の意味だけでなく、無生心・無住心を意識して読むと理解が深まることになります。

諸法空相《しょほうくうそう》

——自分の基準ではかりすぎてませんか

『般若心経《はんにゃしんぎょう》』より。「諸法（宇宙の法則）」は、本来「空相（あらゆることが空であるありさま）」であること。この語の後の「不生不滅不垢不浄不増不減」と続けて、あらゆる対立も無生、存在しないということが諸法空相である。徹底的否定の先にある絶対的肯定。

『般若心経』という仏教の経典の中に「諸法空相」という言葉があります。すべてのあらゆるものは、空っぽなもので、形あるものはすべて実体がとらえられないのです。しかし、実体はとらえられなくても、現象として表れています。

さらに、この後に「不生不滅不垢不浄不増不減」という語が続きます。生じるもの、滅するもの、きたないもの、きれいなもの、増えるもの、減るものに、「不」という文字がつき、否定されているのです。

つまり、すべての存在は、実体をとらえられないものであり、無常なものということなのです。いつ死んでもおかしくない、いつ実体が消えてもおかしくない、という意味に転化できることを表しています。

「諸法空相」とは、空の境地です。これは、言葉で真の意味を説明するのが、とても難しいものです。

しかし、禅の考えを深めていくと、徹底的な否定の先に絶対的なものが見えてくるのです。「形あるものは、実体がつかめない」というセンスで坐禅をしてみると、見えてくるものや、わかることがあるのです。

一《いち》期《ご》一《いち》会《え》

――かけがえのない出会いを大切に

『山上宗二記《やまのうえのそうじき》』より。無生心同志の交わり。『山上宗二記』でいう「一期に一度の会のやうに、亭主を敬い畏るべし」とは亭主の無生心を受け入れること。その瞬間から、自分の無生心は無住心となって、相手との交わりがかけがえのないものとなる。

一生に一回の出会いを本当に大切にしていますか。

千利休の高弟、山上宗二が記した『山上宗二記』に「一期に一度の会のように、亭主を敬い、畏《おそ》るべし」とあります。茶席での主人の一生も一回、客人の一生も一回。このお互いの一生一回をどう考えていくのかが、大切なことなのです。

また、江戸時代の大老・井伊直弼《いいなおすけ》のこんな話もあります。井伊直弼は、部屋住み時代が長く、その時代に禅や茶道に通じて、自らを成長させていきました。「茶湯一会集」には、彼自身の茶道の心得が記されています。この茶書で、互いにもう会うことはないとしても、茶席では主人と客人は互いに誠意をもって接するべきと説いたことから「一期一会」という言葉が広まりました。どんな立場になっても、わびさびの心、一期一会の心を忘れなかったからこそ、歴史に名を残したのでしょう。

一期一会は、人との一度きりの出会いも大切にしようという意味です。仕事との出会いも一期一会といえます。一つの出会いを大切に思う気持ちは必ず相手に伝わるはずです。

休去《きゅうしさる》

――マイナスの思考をストップする

『碧巌録《へきがんろく》』第四十則「南泉一株花」垂示より。あらゆる妄念を休めよ。「休し去り歇《けっ》し去れば、鉄樹花を開く」とある。あらゆる煩悩・妄想を休め去り、ことごとく断ち切ってしまったところ、そこが無生心であり無住心であることをいう。

人生を楽しい思いでいっぱいにしたい、幸福なままで生きたい。苦労なんかはいやだ、悲哀は味わいたくない、と願ってもそんなにうまくいくことはありません。幸せだと思ったら幸せを否定する不幸がやって来るし、楽しい思いが苦に転化したりもします。すべて喜怒哀楽は一定のまま永遠に続くものではありません。それならば、それぞれの現象に振り回されて生きるのではなく、自ら全部のことを吹き消して空気のような心で生きましょう、それが「休去」です。

「休去」は、「洗心（120ページ）」と同じ意味合いがあります。禅者は古人の言葉を、同じ意味を持つ自分の言葉で別に表現することがあるのです。

「休去」という言葉は、繰り返しますが、あらゆる妄想や邪念、喜びさえもいっさい断ち切り「無」になること。迷いの気持ちやマイナスの感情もある時を境に、ピタッと切り捨ててみるとその先に見えてくることがあるのだといいます。

禅では「無」になってこそ相手の立場に身を置いて考えることができ、相手を受け入れる器ができるという考え方があります。それは新しい環境に出会えたり新しい発想が浮かんだりと、幸せへの扉を開くことにもつながるのです。

主人公《しゅじんこう》

――本当の自分に呼びかけてみよう

『無門関《むもんかん》』第十二則「巌喚《がんかん》主人」より。本来の自己に目覚めよう。主人公こそが本来の自己であり、得失や苦楽といった如何なる外物にも晦《くら》まされぬ無生心そのものである。

「主人公」という言葉は、禅に由来する言葉です。現代でいう、ドラマや映画の主人公という意味ではなく、誰でも自分の中に持っている「本来の自己の姿」をいいます。

自分の心の芯にある本来の姿、つまり仏性を備えた本来の自己、欲や汚れのない自分。

自分の中の「主人公」は、誰でも心の中にあるのです。

自分の中の「主人公」をはっきりと見つめて、きちんと自分の使命を果たし、自分の主人となって生きることが大切なのです。

瑞巌《ずいがん》和尚の修行でも、「主人公！」と自分自身に呼びかけ、「ハイ！」と自分で返事をし、「人をあざむいていないか？」「常に冷静さを保ち、真の自己の状態でいるか？」と自分を問いただす、というものがあったそうです。

「あなたは無生心ですか」、「はい」。

「仏心仏性でいますか」、「はい」。

「無生心で生きていますか」、「はい」。

こんな風に自問自答してみましょう。

帰《き》家《か》穏《おん》坐《ざ》

——迷ったら原点へ帰ってみよう

『碧巌録《へきがんろく》』第一則「達磨廓然無聖《だるまかくねんむしょう》」より。無住心こそわが住居。仏教学者の中村元《はじめ》先生によれば「人間が生まれながらにもっている仏性に帰って安住すること」。仏性は無生心に同じ。

「人間が生まれながらにもっている仏性に帰って安住すること」とは、仏教学者の中村元先生による「帰家穏坐」の解釈です。

人間の本性は心が美しい、きれい、優しいというのではありません。ですから、人には優しく、きれいな心で……というのはあくまで「道徳」の話なのです。禅はこの部分の理解が難しいのです。

ただ坐って物事を思惟《しい》するのも禅ではありませんし、禅の本質を理解できないと、単なる道徳や仏教の話に終始してしまいます。

五祖法演《ごそほうえん》禅師はその点を戒めました。「坐禅して坐禅して、自己の本性を見抜け。あたかも空気のように、静まりかえって何も生じることのない仏心仏性を見抜いたら、空気のような本心に住みきりなさい」と。

修行が進み、坐禅して数年がたつと、坐禅しているときが実に気持ち良いといいます。まさに自己の本心に住み込んでいる状態かもしれません。この境地こそが、私たちの求める、安らかな自由と安穏の世界、心の我が家であり、魂の憩うふるさとではないでしょうか。

黒漆桶《こくしっつう》

——分け隔てのない同じ色の世界へ

『碧巌録《へきがんろく》』第八十六則より。混じりっけなし。雲門禅師が「人は皆、光明をもっているが、それを見ようとすると見えなくて真っ黒だ。光明とは何か」と垂語《すいご》（師が弟子に教え示す言葉）したのに雪竇《せっちょう》禅師が著語《じゃくご》（評語）としてこの語を言っている。混じりっけのない光明、混じりっけのない黒、同じ無生心。

白一色の世界というと、どんな情景を思い浮かべますか。白漫々と雪が行き渡る、白銀の世界でしょうか。あたり一面が真っ白でキラキラ輝き、白色以外のなにものも無い光景。それは、とても眩しくて、今にも引き込まれてしまうくらいの力を持っています。心奪われるような景色は、無生心を導きます。

そんな白一色の世界に対して、真っ黒の世界とはどのようなものでしょうか。黒一色に塗りつくされた景色。あまり身近に思い浮かばないかもしれませんが、その世界を巧妙に表したのが「黒漆桶」です。

「黒漆桶」というのは、混じり気の無い、深い漆の黒一色に塗られた桶を意味します。底光するほどの漆黒に、絶対平等の境地を示すこの言葉。たくさんの漆の木から採取されて一つの色となり、黒という色で同一になった姿に、平等そのものということを、意味しているのです。

どんな色をも飲み込むほどの、深い漆黒には、他者との違いを見つけてそこに固執するよりも、同じ人として同色に染まり一つの形を形成していくことの大切さを物語っているのではないでしょうか。

回光返照《えこうへんしょう》

——心の中に目を向けてみよう

『臨済録』示衆より。外に向かって求めても何も得られぬ。『臨済録』に「自ら回光返照して、更に別に求めず」とある。古来、数多の修行者が「悟り」を自分の外に求めた。外には何もないぞ、自身の内に光を照らせ、との教えである。

回光返照とは、『禅学大辞典』に「外に向かう心を翻《ひるがえ》して、内なる自己を反省し、本来の面目をあきらめること」とあります。人間は自分の外側にあるものに、どうしても気を取られてしまいます。それは、目前に物がみえますから、気を取られてしまうのです。

では考えを変えてみましょう。眼に見える物といえば、仏像です。簡単にいうとこれを拝むのが信仰となります。

目の前の眼に見えない空気、空気にはなにも生じる物がない。あえていうなら、これが仏心仏性なのです。辞典にいう「本来の面目」とは、この空気のようななにも生じない心を指しています。

回光返照とは「道を外に求めることなく自己の本性を照見（本質を見抜く）すること」とあります。自己の本性とは仏心仏性であり、目前の空気のような存在です。そして「別を求めず、心身は祖仏と別ならずと知る。まさに事が無い。ここまで見抜けば、法を得」と結んでいます。

これは悟った人の心境です。道半ばの私たちにはいい目標になるはずです。

萬法一如《ばんぽういちにょ》

——すべての存在は一切平等

『臨済録』より。あらゆる存在が自分である。全ての存在は一如（同じ）であるの意味。同じく『臨済録』に「心法《しんぽう》形無うして、十方に通貫《つうかん》す」とあり、我々の心は本来形がない、無相のものであるから、あらゆる処に滞りなく行き渡る。何処にでも住める無住ということが、萬法一如・一切空である。

萬法（すべての存在）は、一如（一つのもの）であるということから、宇宙に存在するものすべてみな同じであることを表すのが、萬法一如です。たとえば、花や月というのは私たち人間がつけた名称です。

もしも、あらゆるものの名称がつけられる前を「無」であるとしたら、花も月もかつては「無」であったということになります。

ものの名前など、しょせん私たち人間がそう呼んでいるにすぎない。そう考えると、宇宙のすべてが「無」ということになるので、一切が無、つまり萬法一如であるということになるのです。

すべてのものが一つというのは、すぐにわかる感覚ではないかもしれません。しかし、今いる世界、地球、宇宙、生きていることそのものという大きな視点で自分の存在を考えてみると、今在る場所は、自分と誰かが居ることではなく、一つの存在そのものの中に自分も誰かも在ると、次第に思えてくるでしょう。

すべての存在が同一であることは、そこに差別のない絶対的平等がおこります。だから、誰かと比べなくても大丈夫。全ては同じで、平等な存在なのですから。

名月《めいげつ》や池《いけ》をめぐりて夜《よ》もすがら

——自然と一体になり、見えてくるもの

松尾芭蕉『孤松』より。芭蕉が自覚した無住心。中秋の名月が池に映っているのを賞して池の周りを巡っているうちにいつの間にか夜を徹してしまったという意味。芭蕉の心は名月に住み、池にも住み、あらゆるものに住む無住心となって夜もすがら。宇宙と芭蕉が一つの世界。

松尾芭蕉は、深川の芭蕉庵を拠点にしだした頃から、禅を学び始めたといいます。ですから、その後の作品には少なからずとも、禅の思想や考えが、反映されているのです。

「明月や池をめぐりて夜もすがら」というこの句は、池の水面に映る中秋の明月、その美しさに心引かれて、夜通し池のほとりを歩いてしまったという歌。何とも言いようがないほどの自然の情景に見とれてしまった芭蕉の気持ちは、この句が示すように時が経つのも忘れてしまうくらい、その美しさに自分の心が引き込まれてしまったのでしょう。

何も心に邪念の生じていない心は、どこへでも行くことができ、どんなものとも繋がり、同化することができる。このことを禅の基本的な考えとして「無住心」といいます。芭蕉は無心に美しい情景を見ながら、その自然と一体化するという自由な心がおこり、この一句が生まれたのでしょう。

こうした禅の考えを理解して俳句に触れると、より深く作品を味わうことができ、感性を磨くことができるでしょう。

廓然無聖《かくねんむしょう》

——毎日が晴れ渡る気持ちで過ごしていこう

空気のように不垢不浄《ふくふじょう》。『碧巌録《へきがんろく》』第一則、武帝と達磨大師の問答より。「仏心仏性はなにか」の問いに、大師が答えた語。廓然は心が広くさっぱりしているさま。目前の空気のように、静まりかえって、生じるものなし。

「廓然無聖」という言葉は、達磨大師と中国の皇帝・武帝の問答からきています。インドに生まれ中国で活躍した僧侶・達磨大師。武帝が彼に対して「仏心仏性(ブッダのさとり)はなにか」と、問いかけたのに対し、「廓然無聖」と答えたのです。

「廓然」という言葉には、いうなれば広々とした空間で大空がカラッと晴れ渡っているように、胸中に一点の曇りもない世界を表しています。「無聖」は、すぐれていることやものも無い、生じるものが何も無いことを示しています。生じていないからこの世界には、凡と聖(凡人と聖人)、有と無といった二元的対立も全くないのです。すなわち、大悟徹底という悟りきって絶対の真理と一体になる境地を指しています。

広い心を持って、自分と対立するものがない境地になり、自分は無であり何ものにでもなれるということ。本来仏の心とは、そういうものだということを達磨大師は答えたのでしょう。

この言葉は、「不垢不浄(168ページ)」と同じように、心の中は目前の空気のように何も生じるものが無い状態を示しています。

本来面目《ほんらいのめんもく》

――迷いや執着を脱ぎ捨てたとき、幸せはやってくる

『六祖壇経《ろくそだんきょう》』より。私という存在。六祖慧能《ろくそえのう》は「不思善不思悪《ふしぜんふしあく》の時あなたの本来の面目は何か」と恵明に問うと、恵明ははっと気づく。不思善不思悪とは何も思わないこと、つまり無生心。無生心の処にこそ本来の自己の姿がある。一切衆生の本性、仏性などと同じ。

「本来面目」とは、是非、善悪、利害を超越した本来の心の姿のことです。夏目漱石の『門』という小説に、主人公が親友を裏切り不倫の地獄に堕ちる話があります。主人公は苦しみあがいた果てに禅に救いを求めますが、そこでこのように問われます。「父母未生以前の面目とは何か?」つまり、父母から生まれる以前の「本来の自分自身」とは何か? ということです。

深刻な人生の岐路に立ったとき、最も考えるべきことは本来の面目であるということ。本来の自分の「深い心の声」です。世の中の権利や、義務、摂理や仕事、そうした全てを追いかけているうちは、まだ迷いであるのだといいます。例え、正しいことであり、こうあるべきだという自分の経験や価値観に基づいたものであっても、それにこだわっているうちは、まだ迷いでしかないのです。

逆に、世界におこる事象や、周囲の環境全てに身を委ね、自分の魂に寄ってくる万物を受け止めて生きてこそ、悟りなのだといいます。「迷うとき 人は法を逐《お》い、悟るとき 法は人を逐《お》う」という言葉があります。ここでいう法とは、周りに起こる全ての環境ということです。執着を捨てれば、幸せはやってきます。

海《かい》月《げつ》澄《すんで》無影《かげなし》

——清らかで澄みきった気持ちで

『臨済録《りんざいろく》』より。月を影無く照らさせるには『臨済録』に、この語に続いて「遊魚独り自ら迷う」とある。つまり月から雲を無くせば、無生心の世界が眼前にあるのに、我々が自分から迷いの原因を生じさせているという意味。自分の迷いは自分で無に出来るはずである。

禅の教えの中に、このような話があります。

「（自分自身の）本心を知らぬものは、仏法を学んでも無駄である。もし自分の本心を知り、自己そのものに目覚めるならば、そのまま丈夫《じょうぶ》、天人師《てんにんし》、仏陀《ぶっだ》と呼ばれるだろう」

つまり「自分自身を見極める」ということ。これは禅において重要な修行です。「海月澄無影」という言葉においては、月を自分と喩えることができます。海に映る月は影が無く澄んでいる。明月の夜は、どこまでも清く澄んでいるでしょう。

これはまさに、禅の心の象徴です。目の前に雲を生じさせるから、海に映る月が灰色くにごってしまう。つまり本来の月自身（自分自身の心）は、本来清浄であり、にごっていない。そしてひっそりと静まりかえっていて空寂（無であり空）なのです。

日常生活を営んでいる私たちは、毎日イライラしたり、人をねたんだり、羨《うらや》んだりしてしまう。そんな時はこんな言葉を思い出してください。「海に映る月は限りなく澄んでいる」。そしてその邪念のない月が、あなた本来の姿なのです。

柳緑花紅《やなぎはみどりはなはくれない》

——当たり前のことが貴重である

『東坡禅喜集《とうばぜんきしゅう》』より。蘇東坡《そとうば》は常聡禅師に参じており「柳緑花紅真面目」と続く。目の前の当たり前の姿。逆に「柳不緑花不紅」と空じて、無生心の境地より改めて「柳緑花紅」と、無常の姿を見てゆくのが禅のとらえ方。

緑に色づく柳、紅に染まる花。いずれも真の面目、すなわち本来の姿をしていることを表しています。

中国の政治家であり、詩人、書家の蘇東坡《そとうば》、彼の禅に関する詩文と逸話などを収録した『東坡禅喜集《とうばぜんきしゅう》』にある「柳緑花紅」という言葉。それは、自然の情景を詠いながらも、目の前に広がる当たり前と思えるその姿は、すべて無常という、実体をとらえられないものということです。

私たちが美しい自然を眺める時、その美しさにただ感動し、心が引き込まれていきますが、禅の教養を身に付けた視点で見ると、そこから、美しくある自然の姿は永遠ではない、ずっと変わらないものはないことを感じ取ることができるのです。「柳緑花紅」——美しさとはかなさ、命あるものは限りある時間の中に、存在することを端的に表現しながら、その意味を深く気づかせてくれます。

自然界では、柳は緑、花は紅のようにと本質をあらわにして生きています。それは人間が自分自身のいかなる本分も見せ、自己の本性を表して生きていくのかというテーマを突きつけているのです。

心《こころ（しん）》

——あなたを輝かせる〝心〟の存在

栄西禅師は『興禅護国論《こうぜんごこくろん》』で、「大いなる哉心や」と、天より高く、地より深く、日月の光より輝き、果てしなき宇宙をも超越した存在が心であると説く。そんな心を持っているのが自分であり、それこそが本来の面目。

『頓悟要門《とんごようもん》』著者の大珠慧海《だいじゅえかい》禅師は、馬祖道一《ばそどういつ》禅師の法嗣《はっす》（奥義を受け継いだ者）であり、学者でもあります。禅者には珍しく、禅籍を引用して学問的に説明しており、次のような自問自答形式になっています。

Q「何から修行すればいいのですか？」A「根本から修行しなさい」／Q「どのように根本から修行するのですか？」A「心が根本です」／Q「根本を修行するにはどうしたらいいのですか？」A「ただ、坐禅して禅定すれば根本がえられます」／Q「何が禅、何が定《じょう》（確かなこと）ですか？」A「妄念が不生、空無であると信じるのが禅。坐禅してあなたの本性の無生心を見るのが定です」。本心とは、無生心や仏心仏性を示します。これは、きれいな心や良い心といった性善説を見るのではなく、全く何も生じない、無生心を見抜くことが目的です。Q「心をどこにとどめたらよいですか？」A「とどまることのない所にとどめなさい」。

満開の桜が光の滴を放ち「あっ、自分が輝いた」という気分は、無住心・仏心仏性の境地です。誰もが持つ、すべての根本であるものが心。無限で何ものをも超越した存在である心を磨くことで、自分自身が向上し、輝いていくのです。

もったいなや　なにをみてもよ
日《ひ》の光《ひかり》　日《ひ》のしずく　日《ひ》の光《ひかり》　日《ひ》の涙《なみだ》

——あなたの喜びはすべての喜び、
すべての喜びはあなたの喜び

北原白秋の歌。苦恋から立ち上がる白秋は三崎の臨済宗見桃寺《けんとうじ》で坐禅した。あたり一面の三崎の自然が陽光を浴びて、日の滴を放っていた。白秋はすでに、自然に悟りの境地に入っていた。草花が光り輝く、それは白秋の輝きであった。

歌人の北原白秋は、つらく苦しい恋愛に傷ついた自分自身を立ち直らせるために、三崎の見桃寺で坐禅を行いました。苦しみの思いを抱えながら、気持ちを落ち着かせる場を見つけ、静かに無の世界を感じる時間を過ごし詠んだ歌。

目の前に広がる自然や陽の光、その美しさを感じながら、心がしだいにその光景のなかに入っていく。草花が光輝く姿に、白秋は自分自身が輝く様相を見出していったのです。その状態はまさに悟りの境地。つまり、白秋は自我を他物に投影して、悟りを開いたのです。

木の葉や、草の葉に輝く日の光を、ただの日の光と受け取る感覚ではなく、この輝きは私自身の輝きだと感じると、葉の輝きは、己とつながっているとわかるでしょう。そして、もっと深く見抜いていくと、葉も自己の輝きも、目前のなにも生じていない空気（仏心仏性）のなかに存在していることもわかります。

つまり、葉も私も仏心仏性で現象としてつながり合っています。存在するもの同士は、他人事ではありません。よき仲間はもちろん、ライバルも決して他人事ではないのです。ライバルを見つめる目は、実はあなた自身の心なのです。

不生不滅《ふしょうふめつ》

——永遠にかわらないこと

仏心仏性の姿。『般若心経《はんにゃしんぎょう》』に不生不滅・不垢不浄・不増不滅と続く。仏心仏性は目前の空気のようなもの。生じるものはなく、寂然《じゃくねん》として静かである。宇宙の存在はすべてこの空気に包まれている。これを仏心仏性のなかにつながっているという。

生まれるものも滅びるものもない「不生不滅」の静けさを詠った高村光太郎『梅酒』の詩。大戦の空襲で焼け出された光太郎は山荘へ移り、亡き妻・智恵子を想う。寒い冬の夜更け、体をあたためる物を探し戸棚を開けたら瓶が出てきました。

　死んだ智恵子が造っておいた瓶の梅酒は　十年の重みにどんより沈んで
　光を葆《つつ》み、いま琥珀の杯に凝って玉のやうだ。
　ひとりで早春の夜ふけの寒いとき、
　これをあがってくださいと　おのれの死後に遺していった人を思ふ。
　おのれのあたまの壊れる不安に脅かされ　もうじき駄目になると思う悲に
　智恵子は身のまはりの始末をした。七年の狂気は死んで終わった。
　厨に見つけた梅酒の芳りある甘さを　わたしはしづかに味はう。

妻は死んでも梅酒の中で存在していました。梅酒と妻が同化していたからです。禅では、宇宙の存在はすべて仏心仏性という空気の中に現象として存在し、万物は一体であるといいます。今の自分の魂を一生懸命磨いて生きる事が大事だという意味につながっていきます。

花《か》鳥《ちょう》風《ふう》月《げつ》宿《やどる》

——自然の美しさは、人の心を映し出す

風流。花鳥風月という自然の美しい風物が宿るのは我が心。しかも無生心に宿ってこそ風流の趣がある。風流なるが故、無住心となる。さらに「不風流処也風流（風流ならざる処また風流）」の語があるように、無住心は風流に執着しない。

無住心

花、鳥、風、月に囲まれた美しい宿。「宿」とは「この世」のことを指します。

本来、「花鳥風月宿」という言葉が生まれるほど、この世は美しいものでした。季節ごとに美しい花が咲き乱れ、鳥たちは大空を舞い、軽快にさえずる。風はさわやかに、時に激しく吹き、静かに月が照らすこの世。美しく風流があるさまを喩えてこんな言葉が生まれました。そして禅においては、邪念や妄想のない「無」の心にこそ、こんな風物が宿るのだといいます。

秋田の民謡に「どじょっこふなっこ」という歌があります。「はるになれば／しがこもとけて／どじょっこだの／ふなっこだの／よるがあけたと／おもうべな」と、夏秋冬も同じように続きます。この歌詞から、四季が移り変わってゆく情景が目に浮かんではきませんか。花鳥風月宿を見事に表現した歌であるといえます。

自然は、全てのものに対して平等に存在しています。老若男女問わず、はたまた人間であることなど関係なく恵みを与えてくれています。人間だけが勝手なわがままで壊して良いというものでは決してないはず。「宿」で暮らす一員として自然を大切にし「花鳥風月」の心を持ち続けたいものですね。

無《む》眼《げん》耳《に》鼻《び》舌《ぜっ》身《しん》意《に》

――今という時を大切に

『般若心経《はんにゃしんぎょう》』より。目前の仏心仏性の姿である空気に、無眼耳鼻舌身意も無い。空である。無相である。なにかが現れたら、空にならないし、無生心にならない。だから眼、耳、鼻、舌、身、意（心）も無の字で消した。

心には本来何もないという教え。心には眼・耳・鼻・舌・身がなく、心もないという意味です。禅でいう「ない」は、有・無の「無い」ではなく、人間も含めたものの本性は、実は実体のないもので「無相《むそう》」（形のない）であるということです。それでは、実体がない、形がないという感覚はどういうものなのでしょうか。有・無の「無い」ではなく、実体がないこと。普段考えることがない感覚なので、わかりづらいかもしれません。

例えば自分の体を考えると、眼や耳、鼻、舌、身、意志の存在は常にあるものと思っています。当たり前のものとして感じ、無意識に作用している部分です。しかし、眼や耳、鼻、舌、身、意志は一定のものではなく、時々刻々として変化していきます。それを実体がないと表現します。実体がないことを空といい、空を表現するのに眼耳鼻舌身意が無い（実体がない）とするわけです。

実体がないのか……と空しくなる必要はありません。ただ、流星のごとく駆けゆく現象としての自己と世界。この禅の宇宙観を開いたら、もっと深い人生が開けることでしょう。

―花《か》鳥《ちょう》風《ふう》月《げつ》宿《やどる》―

「はるになれば　しがこもとけて／どじょっこだの　ふなっこだの／よるがあけたと　おもうべな…」秋田の民謡『どじょっこふなっこ』。この気分も首記の禅語を表す。

自然の美しい風物が宿るのは我が心であること。自然の趣き、風流は無生心にこそ宿るのである。

書＝金敷　駸房（本文210ページ）　121×24㎝

—諸法空相《しょほうくうそう》—

諸法、つまり宇宙の法則には一見あらゆるものが存在しているように見えるが、実はその様相は空っぽなもの、姿形無く何も無いものと、説いている。あらゆるものは空っぽで何も無いのであるから、心を揺るがす二元対立した概念、善悪・損得なども生じないのである。

書＝渡辺 美明（本文178ページ）92×23㎝

禅語索引（五十音順）

あ行

挨拶　あいさつ　48
愛心　あいしん　132・142
阿吽　あうん　54
阿呵呵　あかか　74
以心伝心　いしんでんしん　30・66
一期一会　いちごいちえ　32・180
一大事　いちだいじ　112
一二三　いちにさん　80
一無位眞人　いちむいのしんにん　126・128
一隻眼　いっせきげん　136
一刀両断　いっとうりょうだん　20・176
不道　いわじ　43・46
回光返照　えこうへんしょう　190
穏密田地　おんみつのでんち　108

か行

海月澄無影　かいげつすんでかげなし　200
廓然無聖　かくねんむしょう　196
花鳥風月宿　かちょうふうげつやどる　210・214
喝　かつ　90
莫眼花　がんかすることかなれ　116
閑古錐　かんこすい　56
帰家穏坐　きかおんざ　186
休去　きゅうしさる　182
響　きょう　170・172
空　くう　22・134
空不異色　くうふいしき　60
結果自然成　けっかじねんなる　100

元気　げんき　27・52
光陰如矢　こういんやのごとし　42・44
行雲流水　こううんりゅうすい　25・50
黒漆桶　こくしっつう　188
心　こころ（しん）　3・204

さ行

山花開似錦澗水湛如藍　さんかひらいてにしきににたり、かんすいたたえてあいのごとし　124
色即是空空即是色　しきそくぜくうくうそくぜしき　106
主人公　しゅじんこう　184
諸法空相　しょほうくうそう　178・215
滅却心頭火自涼　しんとうめっきゃくすれば、ひもおのずからすずし　13・96
是　ぜ　58
説似一物即不中　せつじいちもつそくふちゅう　78
洗心　せんしん　18・120
触処清涼　そくしょせいりょう　154
即心即佛　そくしんそくぶつ　110

た行

打打　だだ　114
たらちねの生まれぬ前の月明かり　29・160
月知明月秋花知一様春　つきはめいげつのあきをしり、はなはいちようのはるをしる　72
天然　てんねん　31・68
同道唱和　どうどうしょうわす　86・88

な行

夏有涼風冬有雪　なつにりょうふうありふゆにゆきあり　102
日々是好日　にちにちこれこうにち　140
念　ねん　70

拈華微笑　ねんげみしょう　24・156

は行

始随芳草去又遂落花回　はじめはほうそうにしたがってさり、またらっかをおうてかえる　76
萬法一如　ばんぽういちにょ　192
百雑砕　ひゃくざっさい　104
不垢不浄　ふくふじょう　168
無事　ぶじ　122
不識　ふしき　62
不生不滅　ふしょうふめつ　26・208
古池やかわず飛び込む水の音　ふるいけやかわずとびこむみずのおと　14・166
平常心　へいじょうしん　82・84
本来面目　ほんらいのめんもく　198
本来無一物　ほんらいむいちもつ　16・94

ま行

驀直去　まくじきにされ　118
莫妄想　まくもうそう　92
松無古今色竹有上下節　まつにここんのいろなし、たけにじょげのふしあり　158
看看　みよみよ　148
無　む　7
無為　むい　64
無寒暑　むかんじょ　144
無孔笛　むくてき　130・150
無功徳　むくどく　138
無眼耳鼻舌身意　むげんにびぜっしんに　17・212
無住心　むじゅうしん　10
無生心　むしょうしん　8
無味談　むみのだん　162

名月や池をめぐりて夜もすがら　めいげつやいけをめぐりてよもすがら　194
黙　もく　146
もったいなやなにをみてもよ日の光　日のしずく日の光日の涙　206

や行

柳緑花紅　やなぎはみどり、はなはくれない　174・202
山是山水是水　やまはこれやま、みずはこれみず　164

ら行

老婆心　ろうばしん　98

わ行

和光同塵　わこうどうじん　152

●書家

石飛　博光（いしとび　はっこう）

1941（昭和16）年北海道生まれ。金子鷗亭に師事。日展会員。毎日書道会理事。創玄書道会副理事長。ＮＨＫ文化センター講師。ＮＨＫ教育テレビ「実用書道」（96年）、同「たのしい暮らしの書道」（04～05年）の講師を務め人気を博す。『石飛博光はじめての書道、DVD付』（永岡書店）、『石飛博光臨書集　古典渉猟』（芸術新聞社）ほか著書多数。

http://ishitobi-hakko.com/

●毎日書道展審査員・会員
創玄書道展審査員
（五十音順）

赤澤　寧生
今江美登里
大多和玉祥
加藤　煌雪
加藤　　裕
加藤　有鄰
金敷　駸房
河原　啓雲
鈴木　大有
鈴木　不倒
田中　豪元
種家　杉晃
塚原　秀巌
中田　李燁
藤巻　昭二
室井　玄聳
矢田　照涛
吉田久実子
吉田　成美
渡辺　美明

●監修者
松原　哲明（まつばら　てつみょう）
1939（昭和14）年東京生まれ
早稲田大学第一文学部卒業
（株）ブリヂストン退社後、三島龍澤寺僧堂にて修行
早稲田大学大学院文学研究科東洋哲学科修士課程修了
現在、東京都港区臨済宗妙心寺派龍源寺住職
『愛蔵版CD付「般若心経」』（主婦の友社）、
『こころの時代～宗教・人生～般若心経を語る』
（NHKエンタープライズ）、
『図説あらすじで読む禅の教え』（青春出版社）
ほか著書多数

●執筆協力者

和田　牧生（わだ　ぼくしょう）

山口大学人文学部卒業。妙心寺専門道場にて修行。

現在、広島県三次市臨済宗妙心寺派鳳源寺住職。

山田　真隆（やまだ　しんりゅう）

花園大学文学部史学科卒業、同大学大学院文学研究科修士課程日本史学専攻修了、妙心寺専門道場にて修行。

現在、石川県珠洲市。臨済宗国泰寺派吉祥寺副住職。

服部　雅昭（はっとり　がしょう）

慶應義塾大学経済学部卒業。株式会社豊田自動織機勤務、退社後妙興寺専門道場にて修行。

現在、愛知県一宮市臨済宗妙心寺派耕雲院副住職。

●構成・執筆／ギグ
●本文デザイン／プラスアルファ
●DTP製作／ディーキューブ

こころの深呼吸　すっと気持ちが楽になる　禅語

監　修	松原哲明
発行者	永岡修一
発行所	株式会社永岡書店
	〒176-8518　東京都練馬区豊玉上1-7-14
	代表 ☎ 03（3992）5155　編集 ☎ 03（3992）7191
印　刷	図書印刷
製　本	コモンズデザイン・ネットワーク

ISBN978-4-522-47598-0　C0176
落丁本・乱丁本はお取り替えいたします。　①